ନିଭୃତ ମଧୁବନ

(କବିତା ସଂକଳନ)

ସୁନନ୍ଦା ମିଶ୍ର ପଣ୍ଡା

VP
VIDYA
PUBLISHING INC.

ବିଦ୍ୟା ପବ୍ଲିଶିଙ୍ଗ୍
ଟରୋଣ୍ଟୋ, କାନାଡ଼ା ।। ଭୁବନେଶ୍ୱର, ଓଡ଼ିଶା

ନିଭୃତ ମଧୁବନ

ଲେଖିକା : ଡ. ସୁନନ୍ଦା ମିଶ୍ର ପଣ୍ଡା
ପ୍ରକାଶକ : ଡ. ତନ୍ମୟ ପଣ୍ଡା, ଡ. ସୁନନ୍ଦା ମିଶ୍ର ପଣ୍ଡା
ବିଦ୍ୟା ପବ୍ଲିଶିଙ୍ଗ୍ ଇଙ୍କ୍, ଟରୋଣ୍ଟୋ, କାନାଡ଼ା

ପ୍ରଥମ ସଂସ୍କରଣ : ବିଜୟାଦଶମୀ, ୨୦୨୪

Nibhruta Madhubana

by Dr. Sunanda Mishra Panda

ISBN : 978-1-998475-27-8

Copyright © 2024 by Dr. Sunanda Mishra Panda

First Edition : Bijayadashami, 2024

Published by : Dr. Tanmay Panda & Dr. Sunanda Mishra Panda
Vidya Publishing Inc.,
Toronto, Canada || Bhubaneswar, Odisha
Website : www.vidyapublishing.com
Email : vidyapublishinginc@gmail.com
Cell : +1 6478389884

Odisha Contact : Nirmalya Garden, Plot 516/1719, House 10,
KIIT Post Office, Patia, Bhubaneswar - 751024
Cell : +91 8984131810

Cover Design : Srushti Panda
Printed at : Biswanath Enterprises, India

Price : ₹ 150/-

ଆଶୀର୍ବଚନ.....

ପ୍ରକାଶିକା, କବି ଓ ଉଚ୍ଛ୍ୱାସଭରା ମହିଳା ଡ. ସୁନନ୍ଦା ମିଶ୍ର ପଣ୍ଡା।
ସୁନନ୍ଦା ସ୍ୱୟଂ କବିତାର ଉଚ୍ଛାସଟିଏ।
ସେ ଗୀତ ଲେଖନ୍ତି - ତାଙ୍କ ସ୍ୱାମୀ ତନ୍ମୟ ପଣ୍ଡା ତାକୁ ସୁର୍ ଦେଇ ଗାଆନ୍ତି - ଏସବୁ ମୁଁ ଭିଡ଼ିଓ ରେକର୍ଡ଼ିଂରୁ ଶୁଣିଛି।
ଏ ପତିପତ୍ନୀ ଦୁହେଁ ମୋର ବହୁ ପୂର୍ବରୁ ପରିଚିତ। ସୁନନ୍ଦାଙ୍କ ପୂର୍ବରୁ ତନ୍ମୟଙ୍କୁ ମୁଁ ଜାଣିଛି। ସୁନନ୍ଦାଙ୍କ ମୁହଁରୁ ଶୁଣିଥିଲି, ତାଙ୍କ ଶାଶୁ (ଲେଖିକା ସୁଧାଂଶୁବାଳା ପଣ୍ଡା) ଥରେ ବହିମେଳାରେ ବୁଲୁବୁଲୁ ସୁନନ୍ଦାଙ୍କ ସହ ହୋଇଥିଲା ତାଙ୍କର ସାକ୍ଷାତ। କଥାରେ କଥାରେ ସେ ସୁନନ୍ଦାଙ୍କୁ କହିଥିଲେ ତୁମେ ତ ଦିଲ୍ଲୀ ବିଶ୍ୱବିଦ୍ୟାଳୟର ଛାତ୍ରୀ। ମୋ' ପୁଅ ତନ୍ମୟ ବି ସେଇଠି ପଢୁଛି। ତା' ସହ ପରିଚିତ ହେଉନ। ପରେ ଠିକଣା ଦେଇଥିଲେ। ଏମିତିରେ ହୁଏ ସୁନନ୍ଦା ତନ୍ମୟଙ୍କ ପରିଚୟ ଓ ପରେ ପରିଣୟ।

ଏହି କବିତା ଗୁଡ଼ିକରେ ସୁନନ୍ଦା ନିଜ ଅନ୍ତରାତ୍ମାକୁ ସ୍ପର୍ଶ କରି, ବାରମ୍ବାର ଜୀବନକୁ ବିଶ୍ଲେଷଣ କରି, ସ୍ୱ ଅନ୍ତରାତ୍ମାର ସ୍ୱରକୁ ଆଶା ଓ ବିଶ୍ୱାସରେ ରଙ୍ଗାୟିତ କରିଛନ୍ତି। ଜଣେ ଅନୁଭବୀ କବିର ଅନ୍ତରର ସ୍ନେହ, ପ୍ରେମ, ପ୍ରତୀକ୍ଷା, ଭବିଷ୍ୟତ ଓ ବର୍ତ୍ତମାନ ଏବଂ ଶ୍ୟାମଳିମା ବା ମରୁଦ୍ୟାନ ସବୁକୁ ସେ ଉପଭୋଗ କରିଛନ୍ତି। ସେ ଜୀବନବାଦିନୀ। ନିଜ ଜନ୍ମଭୂମି ପ୍ରତି ସଂକଳ୍ପବଦ୍ଧ। ସ୍ୱାଧୀନତା ସଂଗ୍ରାମର ଚିତ୍ର ଓ ସହାନୁଭୂତି ମଧ୍ୟ ଫୁଟି ଉଠିଚି ତାଙ୍କ କବିତାର ପଂକ୍ତି ଗୁଡ଼ିକରେ।

ଏହି ଗଭୀରହୃଦୟା, ଜୀବନକୁ ଭଲପାଉଥିବା କବିଙ୍କୁ ମୋର ଅଭିନନ୍ଦନ। ଅଳ୍ପ କେତୋଟି କବିତା ମୋ' ପାଖକୁ ସେ ପଠାଇଥିଲେ। ସବୁଗୁଡ଼ିକ ତାଙ୍କ କାନ୍ତ କୋମଳ ହୃଦୟର ପ୍ରତିଲିପି। ସୁନନ୍ଦାଙ୍କ ପ୍ରକାଶୋନ୍ମୁଖୀ ପ୍ରଥମ କବିତା ସଂକଳନ 'ନିଭୃତ ମଧୁବନ' ଲାଗି ତାଙ୍କୁ ମୋର ସାଧୁବାଦ ଓ ଶୁଭାଶୀଷ।

ଡ. ପ୍ରତିଭା ଶତପଥୀ,

ବିଜୟା ଦଶମୀ, ୨୦୨୪।

ମୁଁ କୃତଜ୍ଞ...

କ୍ଷଣଭଙ୍ଗୁର ଜୀବନରେ ପ୍ରତ୍ୟକ୍ଷ ଓ ପରୋକ୍ଷ ଅନୁଭବ ସବୁ ପ୍ରତିବିମ୍ବିତ ହୋଇ ସ୍ମୃତିର ଝରକାରେ ପ୍ରକୃତିର ଫଲଗୁ ହୋଇ ତ, କେତେବେଳେ ଅକୁହା ଯନ୍ତ୍ରଣାର ଅଧାଲିଭା ଦୀପଟିଏ ଭଳି, ସମୟର ପରିଧିରେ ଘୂରି ବୁଲି ଜନ୍ମ ଜନ୍ମାନ୍ତରର ସମ୍ପର୍କ ଖୋଜୁଛି ଓ ଆଶାର ପ୍ରଦୀପ ଜଳାଇ ସୂତାଖିଅଟିଏ ଭଳି ସ୍ନେହ ଓ ପ୍ରେମରେ ଛନ୍ଦି ହୋଇଯାଇଛି । ସେମିତିକା ସ୍ନେହ, ସଦିଚ୍ଛା, ସହୃଦୟତା ଓ ଆଶୀର୍ବାଦର ଛନ୍ଦରେ ମତେ ଛନ୍ଦି ଦେଇଥିବା, ମୋ କବିତାର ପ୍ରେରଣା କବିପ୍ରାଣ କଥାକାର ଅଗ୍ରଜପ୍ରତିମ ଶ୍ରୀ ସୀତେଶ ତ୍ରିପାଠୀଙ୍କୁ ସଙ୍କଳନ ପ୍ରକାଶନ ଅବସରରେ ମୁଁ ଜ୍ଞାପନ କରୁଛି କୃତଜ୍ଞତା । ମୋର ସ୍ୱାମୀ ତନ୍ମୟ ପଣ୍ଡାଙ୍କ ପ୍ରେରଣା ପାଇଁ ଓ ସମସ୍ତ ପ୍ରକାର ପ୍ରକାଶନ ସହଯୋଗ ନିମନ୍ତେ ଆନ୍ତରିକ କୃତଜ୍ଞତା ଜଣାଉଛି ।

ମୋର ସର୍ବଶେଷ କୃତଜ୍ଞତା ମୋର କବିତାର କାବ୍ୟ ନାୟକ ଓ ନାୟିକାମାନଙ୍କ ପାଖରେ...

ବିନୟାବନୀତ

ସୁନନ୍ଦା ମିଶ୍ର ପଣ୍ଡା

ଉତ୍ସର୍ଗ

ଓଡ଼ିଶାର ଅଗ୍ରଗଣ୍ୟ ପ୍ରକାଶକ, ଆଜୀବନ ସାହିତ୍ୟାନୁରାଗୀ, ମୋ ସାହିତ୍ୟ ଯାତ୍ରାର ପ୍ରେରଣା, ମୋ ଜନ୍ମଦାତା, ମୋ ବାପା ସ୍ୱର୍ଗତ ପୀତାମ୍ବର ମିଶ୍ରଙ୍କ ଚରଣ କମଳରେ ମୋର କବିତା ଗୁଚ୍ଛ - 'ନିଭୃତ ମଧୁବନ' ।

ଆଶୀର୍ବାଦ ଅଭିଳାଷୀ

ସୁନନ୍ଦା (ରୀନା)

ସୂଚୀପତ୍ର

□□□

ପ୍ରତିବିମ୍ବ

ହଜିଯାଇଥିବା ମୋର ଯୌବନକୁ
ଖୋଜୁଛି ମୁଁ ଅଶ୍ରୁସିକ୍ତ ନୟନେ
ସେ ଆଉ ଫେରିବ ନାହିଁ।
ଯଦିବା ଆସିବ, ଦୀର୍ଘଶ୍ୱାସର ଶବ୍ଦ ନେଇ
ନିରାଶେ ଲେଉଟି ଯିବ,
ଛିଣ୍ଡା ଛିଣ୍ଡା ସ୍ମୃତିର
ଆକୁଳ ଆବେଦନର ସ୍ୱର ହୋଇ।

ପ୍ରକୃତିରେ ରହିଛି ଫାଲ୍‌ଗୁନ
ବଉଳର ବାସ୍‌ନା ବି ରହିଛି
ଜ୍ୟୋସ୍ନା ବି ଝରୁଛି ଠିକ୍ ଆଗପରି
ସୂର୍ଯ୍ୟର ଆସିବା ଯିବା ଠିକ୍ ଆଗପରି ଅଛି
କିନ୍ତୁ ମୁଁ ନିଜେ ବଦଳି ଯାଇଛି ଋତୁ ଅଋତୁରେ ।

ମୋ ମନରେ ଫାଲ୍‌ଗୁନ ବି ଅଛି
ବଉଳର ବାସ୍‌ନା ବି ଅଛି ।

ଭରପୁର ରହିଛି ଏ ଜୀବନ
ଦେହଟି ଅଳୀକ, ଏହି ସତ୍ୟ ଆଜି

ବାରମ୍ବାର ଆବୃତ୍ତି କଲେବି ବୁଝେନା ମନ।
ଅତୀତର କେତେ ଉନ୍ମାଦନା,
କେତେ ବିହ୍ୱଳତା ଅଭିବ୍ୟକ୍ତ ନ ହୋଇଛି
ପାପ ପୁଣ୍ୟ ବିଚାରକୁ ଏଡ଼ି
ସେ ସବୁର ମୂଲ୍ୟାଙ୍କନ କରିବାକୁ
ମୁଁ କାହିଁକି ଆଜି ଦ୍ୱିଧାଗ୍ରସ୍ତ ହୁଏ ?
ଅଥଚ ଛାଇ ଆଲୁଅର ଖେଳରେ ସ୍ମୃତିର କୋଣାର୍କ
ଚନ୍ଦ୍ରଭାଗା କାହିଁ କେତେ ଦୂରେ
ସମୁଦ୍ର କୁଆଡେ ଗଲା ?
ପ୍ରଶ୍ନ ଅସମାହିତ ତଥାପି
ପ୍ରଶ୍ନ ଉଠୁଥାଏ ମନରେ
ହୃଦୟ ଭିତରେ।

ଛାତିରେ କୋଣାର୍କର କଙ୍କାଳକୁ ଚାପିଧରି
ଏବେ ଖାଁ ଖାଁ କରେ,
ଏକୁଟିଆ
ନିଜ ପ୍ରତିବିମ୍ବକୁ ନିଜେ ଖୁମ୍ପି ଖୁମ୍ପି
ରକ୍ତାକ୍ତ ହୋଇପଡ଼େ
ଅସଜଡ଼ା ଲୁହବିନ୍ଦୁରେ।
❑❑

ଅଧାଲିଭା ଦୀପଟିଏ

ସତରେ କଣ ମୋ ପରିଚୟ
ଅଧାଲିଭା ଦୀପଟିଏ ?

ଦିନେ ମୁଁ ଜଳୁଥିଲି ଦିକ୍‌ଦିକ୍‌
ଘନ ଅନ୍ଧକାରକୁ ଆଲୋକରେ
ପ୍ରଜ୍ୱଳିତ କରି ।

କାଲିର ସେ ସତ୍ୟ
ଆଜି ବିସ୍ମୃତିର ଅତଳ ଗର୍ଭରେ
ସେସବୁର ସ୍ମୃତିରେ,
ମୁଁ ବି ବିଲୀନ
ଦରାଣ୍ଡୁଛି ଜଳିଥିବା ମୁହୂର୍ତ୍ତ ଗୁଡ଼ିକ ପାଇଁ...

ସତେ ଆଜି କେଡ଼େ ମୂଲ୍ୟହୀନ
ମୁଁ ବାସ୍ତବତା ଖୋଜୁଛି
ବର୍ତ୍ତମାନର ସ୍ଥିତି ପରଖିବା ପାଇଁ...

ଅଦୃଶ୍ୟ ଅତୀତ ଚିର ଋଣୀ
ବର୍ତ୍ତମାନ ପାଶେ, ଏ ସତ୍ୟକୁ
ବୁଝି ମଧ୍ୟ ମୁଁ ଅବୁଝା।

ଭୌତିକବାଦୀ ଆକର୍ଷଣରେ
ମଣିଷ ଭୁଲେ ମଣିଷକୁ
ଚିହ୍ନେ ସ୍ୱାର୍ଥପରତାକୁ
ଦି' ପାଦ ଆଗକୁ ଯିବା ବାହାନାରେ
ନୀରବତାକୁ ମଣେ ଶ୍ରେୟସ୍କର।

ମୁଁ ଭାବେ, ମିଛ ଅହଂକାର
ସବୁ ନିଜ ଭିତରର ଅନ୍ଧକାର,
ହେଜ କର।
ସତ୍ୟର ମଶାଲ ଜାଳି
ଚାଲ ଭରିଦେବା ମିଠା ମିଠା ସ୍ମୃତି
ଓ ସମ୍ପର୍କକୁ,
ଉଚ୍ଛ୍ୱାସ ଓ ଉଲ୍ଲାସ ଦେଇ।

❑❑

ଅସୁସ୍ଥ ପୃଥିବୀ

ଆଜି ଏ ଅସମୟରେ
ମୁହଁ ଖୋଲୁନାହିଁ
ଅଜଣା ଭୟରେ।

ଅକୁହା ଯନ୍ତ୍ରଣାରେ
ଅନ୍ତରର କୋହ କଣ୍ଠରୁଦ୍ଧ କରେ,
ସେମାନଙ୍କ ଦୁଃଖକୁ
ଆଦରରେ ସାଉଁଟି ନ ନେଇପାରିବାର ଦୁଃଖରେ।

ହେ ଅଦୃଷ୍ଟ ଦେବତା
ତୁମେ ଆଜି ଅନ୍ଧାରରେ
ବୁମେରାଂ ଭଳି
ସବୁ ଅସ୍ତ୍ର ଫେରାଇ ଦେଉଛ
ଅହର୍ନିଶି ମୁଁ ଭୟରେ।

ମୋର ସେ ଭୟ...
ଭୟକୁ କବିତାରେ ଲେଖି ହେବନି
କବିତା ନିଜେ ମୂକ ହୋଇଯିବ
ଜଡ଼ ବନିଯିବ
ମୋ' ପରି ଭୟରେ ।

ଅସୁସ୍ଥ ପୃଥିବୀ ସତେ
ଝୁଣ୍ଟି ପଡ଼ିଛି କେଉଁ ଅକର୍ମଶିଳାକୁ
ସମର୍ପି ଦେଇଛୁ ତା' ଦୁଃଖ ଯନ୍ତ୍ରଣା ସବୁକୁ
ସେ ବିଶ୍ୱନିୟନ୍ତାଙ୍କୁ ।

❑❑

ନିଭୃତ ମଧୁବନ

କ୍ଳାନ୍ତ କପୋତୀ ଉଡ଼ିପାରେ ନାହିଁ
ଆକାଶର ନୀଳିମାରେ
ତା' ବାହୁଡ଼ା ପଥେ କପୋତୀ ନିରେଖି ଦେଖେ
ସେ ନୀଡ଼ର ଝରକାରେ...

ମନେପଡ଼େ ଆଜି
ପ୍ରଥମ ଦେଖାର ଏକାନ୍ତ ଆଳାପ
ବସନ୍ତ ବିଳାସରୁ ବର୍ଷାର ବିଳାପ
ବୟସ କୁସୁମ ଲାଜେ ଲାଜେ ଜଳେ
ମମତାର ବଗିଚାରେ...

କିଆ କେତକୀର ବାସ୍ନା ଛୁଟୁଥାଏ
ପବନରେ ଭାସେ ଉଦାସ ମୂର୍ଚ୍ଛନା
ଆଶାର ପ୍ରଦୀପ ନିରାଶେ ଜଳଇ
ଅକ୍ଷତ ହୃଦୟର ସ୍ମୃତିକୁ ସୁମରି...

ସେଇ ସେ କପୋତୀ ଆସେ ଏକା ଏକା
ମିଳନ ପୀଠରେ ହୁଏ ନାହିଁ ଦେଖା
ବିକ୍ଷୁବ୍ଧ ଝଡ଼ର ଦୀର୍ଘଶ୍ୱାସ ଛାଡ଼ି
ଅଶ୍ରୁରେ ଭିଜଇ ନିଭୃତ ମଧୁବନ...

କ୍ଲାନ୍ତ କପୋତୀ ଉଡ଼ିପାରେ ନାହିଁ
ଆକାଶର ନୀଳିମାରେ
ତା' ବାହୁଡ଼ା ପଥେ କପୋତୀ ନିରେଖି ଦେଖେ
ସେ ନୀଡ଼ର ଝରକାରେ...।

❑❑

ପୂର୍ଣ୍ଣତା

କିଏ କହେ, ତୁମେ ଏବେ ମୋ' ଭିତରେ ନାହଁ!
ଆରମ୍ଭରୁ ତ ସେମିତି ଥିଲ
ଏବେ ବି ଠିକ୍ ସେମିତି ରହିଛ
ମୋ' ଓଠ ମୋ' ମୁହଁ ଓ ଶରୀର ଛାପରେ।

ଏ ଜୀବନେ ଯଦି ତୁମ ବିନା,
ଏକା ଠିଆ ହୋଇଥା'ନ୍ତି,
ସତେ ବୁଝି ତ ପାରି ନଥାନ୍ତି
ଭିଜା ମାଟିର ବାସ୍ନାକୁ, ଫୁଲର ସୁଗନ୍ଧକୁ
କି ବସନ୍ତର କାକଳିକୁ।

ସମୟର ପରିଧିରେ ଘୂରି ବୁଲି
ସମ୍ପର୍କର ସଂଜ୍ଞା ବାଣ୍ଟିଚି
ସ୍ନେହ ଓ ପ୍ରେମର ଗଭୀରତା ମାପିଚି
ଜନ୍ମ ଜନ୍ମାନ୍ତରରୁ ବିଭାଜିତ
ଅତୃପ୍ତ ସୂତା ଖିଅଟିଏ
ସତେ ରକ୍ତର ଏ କି ଆକର୍ଷଣ!

ଚିରା ଫଟା ଜୀବନ ପୃଷ୍ଠା ସବୁ
ଲୁଚକାଳି ଖେଳୁଥାଏ
ଆଖିରେ ଓଠରେ

ହସରେ, କାନ୍ଦରେ
ଜୀବନ ଏକ ମହାର୍ଘ ଅନୁଭବ ।

ପ୍ରାପ୍ତିର ପାହାଚ ଚଢୁ ଚଢୁ
ଅପ୍ରାପ୍ତିର ଅଦୃଶ୍ୟ ଇଲାକା
ଅଜ୍ଞାତରେ ସ୍ପର୍ଶ କରେ
ଅବିଶ୍ୱାସ ଭେଟି ଟିଏ
ଚରମ ଦୁର୍ଭାଗ୍ୟର ରଙ୍ଗରେ ରଙ୍ଗେଇ ।

ଆକାଶୁ ଝରୁଛି ଆଜି
ଚୁନା ଚୁନା ଆଶାର କବିତା
ପୃଥିବୀ ହସୁଚି
ଚନ୍ଦ୍ରମାର ପ୍ରୀତିର ନିର୍ଯ୍ୟାସ ପିଇ
ମୋ' ଜୀବନର ସବୁ ସରଳ ଓ ବକ୍ରରେଖାର
ତୁମେ...
ତୁମେ ହିଁ ତ,
ଶେଷତମ ବିନ୍ଦୁ ।

ସବୁ ପାର୍ଥିବ ସୁଖ ଦୁଃଖରୁ ବିଛିନ୍ନ ହୋଇ
ସ୍ୱପ୍ନର ଗର୍ଭରେ ଲୀନ ହୋଇଯିବି
ପୂର୍ଣ୍ଣତାରେ... ।

❑❑

ସାଧବାଣୀ ଲୋଡ଼େ...

ଓଢ଼ଣା ତଳୁ ଯିଏ
ଝରେଇ ଲୁହଧାର
ବିଦାୟ ଦେଇଥିଲା ଦିନେ
ସିଏ ବି ଜାଣିଥିଲା
ଏ ଲୁହ ସଉରଭ
ପାଲଟିବ ଗୌରବ ଦିନେ।

ଶୁଣିଲେ ସ୍ୱପ୍ନ ପରି ଲାଗେ
ସାଧବ ବଣିଜ କଥା
ସାଧବାଣୀର ତ୍ୟାଗ କଥା
ତା' ଲୁହ କୋହ ଦୀର୍ଘଶ୍ୱାସର କଥା
ନିଃସଙ୍ଗ ଦିନମାନର କଥା
ହୃଦୟେ ଭରିଦିଏ ବ୍ୟଥା।

ସ୍ମୃତିର ଶଙ୍ଖାଳି ହୋଇ
ରହିଛି ଖାଲି ଯାହା,
ଆହା !
ଆ, କା, ମା, ଭୈ ମଧୁଗାନ ।
କାହିଁ ସେ ଗୌରବ
କାହିଁ ସେ ସୌରଭ
କାହିଁ ସେ ପୂର୍ବ ଅଭିମାନ ?

ସାଧବାଣୀ ଆଜି ଝୁରେ ତା' ସାଧବର
ଲୁପ୍ତ ପୌରୁଷ
ଲୋଡ଼େ, ତା' ସାଧବର
ହୃତ ସ୍ୱାଭିମାନ
ଲୁହ କୋହ ଦୀର୍ଘ ବିଚ୍ଛେଦର ଦିନମାନ
ବରଂ ସନମତ
ଅସହ୍ୟ ତା' ସାଧବର ଉଚ୍ଚ ଶିର ଯାହା
ଏବକୁ ଅବନତ ।

❑❑

ନୂତନତାର ସୂର୍ଯ୍ୟୋଦୟ

ପରାଭବୀ ସମୟର
ଛିନ୍ନ ମାନଚିତ୍ରରେ ଦିଶିଯାଏ
ଟୁକୁଡ଼ା ଟୁକୁଡ଼ା ସତ୍ୟର ମୁହଁ
ଦିଗନ୍ତରେ ନିଷ୍ପ୍ରଭ ବାଦଲ ଖଣ୍ଡ ପରି...

ମିଥ୍ୟାର କାକଳିରେ ବତୁରା ମୋ ପିଣ୍ଡ
ସ୍ୱପ୍ନ, ମାଟି ଓ ଆକାଶ, ମୋଟାମୋଟି ବ୍ରହ୍ମାଣ୍ଡ
ମୋ ପିଣ୍ଡ ଭିତରେ ତା' ସତ୍ତା ହରାଏ।

ଦୂର୍ଯ୍ୟୋଧନର ଅହଂକାର ଭଳି
ରଙ୍ଗୀନ ହୋଇଉଠେ ମୋ ମାୟାମୟ ସ୍ଥିତି।
ବୃଥା ଅଭିମାନ, ଅଭିନୟର ମାନଚିତ୍ରରେ
ଟଣା ହୁଏ
ସତ୍ୟ ଓ ମିଥ୍ୟାର ଝାପ୍‌ସା ଝାପ୍‌ସା ଗାର।

ଆଜି ମୁଁ
ଯେତେ ମୁଠାଇବାକୁ ଚେଷ୍ଟା କଲେ ବି
ଆଙ୍ଗୁଠି ସନ୍ଧିରୁ ଖସିଯାଏ
ସରି ସରି ବାଲି
ଯେତେବେଳେ ଖୋଲି ଦେଖେ ଝାଲୁଆ ପାପୁଲି
ସେ କେବଳ ସାକ୍ଷୀ ଥାଏ
ମୁଁ ମୋ ହାତରେ ବାଲି ଧରିଥିଲି ।

ସତ୍ୟର ଆଇନାରେ
ମିଥ୍ୟାର ସୌଦାଗର ମୁଁ
ପରିତ୍ରାଣର ଚୋରାବାଲି ଭିତରେ ଆଜି ମୁଁ
ପଲ ପଲ ମିଥ୍ୟାଙ୍କ ମେଳରେ
ବୁଝିଚି, ମୁଁ ତୁଚ୍ଛା ମରୀଚିକା ।
କେବେଠାରୁ ନିଦ ଭାଙ୍ଗି ସାରିଛି,
ତାଲା ପଡ଼ିଥିବା ଓଠରେ
ଉତୁରି ପଡୁଛି ଅକଳନ ଶବ୍ଦ
ମୋ ସ୍ମୃତିରେ
ଏ କି ବ୍ୟତିକ୍ରମ !

ସତ୍ୟ ମିଥ୍ୟାର ଏ ବିଚିତ୍ର ଲୀଳାରେ
ଛାତି ଭିତରର ସତ ମାନଚିତ୍ରକୁ
ଘେରିଛି ସିନା କଳାବାଦଲ, ହେଲେ
ତା' ତଳେ ପ୍ରସ୍ତ ପ୍ରସ୍ତ ବିବେକର ବହଳ ଚାଦର
ସବୁଜ ଓ ନରମ
ଯିଏ ସତ୍ୟକୁ ଚିହ୍ନାଏ
ସ୍ୱପ୍ନ ଗଢ଼ିପାରେ
ପ୍ରୀତି ବାଣ୍ଟିପାରେ
ଆଉ
ଶୀତଳତାରେ ଭରିଦେଇପାରେ
ନୂତନତାର ସୂର୍ଯ୍ୟୋଦୟକୁ ।

▢▢

ଜୀବନଟା ଜଳୁଛି ଆଜି

ଜୀବନଟା ଜଳୁଛି ଆଜି
ମଶାଣିର ନିଆଁ ଭଳି ଦିକିଦିକି ହୋଇ,
ସ୍ୱପ୍ନ ଆଉ ଆଶା ସବୁ
ଧୂଆଁ ହୋଇ ଉଠୁଛି
ଏ ଜୀବନ ସଂଗ୍ରାମରେ କେହି କାହାରି ନୁହେଁ।

ଜୀବନଟା ଜଳୁଛି ଆଜି
ଅର୍ଥ ଯଶ ପ୍ରତିପତ୍ତି ମଧ୍ୟେ
ଛାତିରେ ଛାତିଏ ଶୂନ୍ୟତା
ଏକାକୀ ଓ ଖାଲିପଣ,
ଏଇ ତ ଜୀବନ
ସମସ୍ୟା ଖାଲି ବଞ୍ଚିବାର।

ଜୀବନଟା ଜଳୁଛି ଆଜି
ପ୍ରେମ ଓ ଭଲ ପାଇବା ସବୁ ପବନେ ଉଡୁଛି
ପାଉଁଶ ଭଳି।
ଦି' ହାତ ଶୂନ୍ୟକୁ ଟେକିଦେଲି ଆପଣା ଅଜ୍ଞାତେ
ବାର ବାର ହଜିଯାଏ
ଆପଣା ଅସ୍ତିତ୍ୱ ଭିତରେ...।

❑❑

ମୋ ଭାରତ ମାଟିର ଜୟ ହେଉ

ଡହଡହ ତତଲା ପବନ ଧରି
ବ୍ୟଥାର ଲହୁ ଲୁହ ଏକାକାର କରି
ଭାରତ ମା'ର ହୃତ୍‌ପିଣ୍ଡକୁ
ବତୁରାଇ ଦେଇଥିଲେ ଯୋଦ୍ଧାମାନେ
ଭାରତ ମାଟିର ସ୍ୱପ୍ନର ଜୟଗାନରେ
ରକ୍ତସ୍ନାନ କରିଥିଲେ ଯୋଦ୍ଧାମାନେ
ସେମାନେ କ'ଣ ଜାଣିଲେ,
ଆଜିକା ଦିନରେ ଲୋକତନ୍ତ୍ରର
ବିଚାର, ତାଙ୍କ ସ୍ୱପ୍ନର
ଭାରତ ମାଟିରେ !

ମନେପଡ଼େ...
ଭାରି ମନେପଡ଼େ ସେ
ସନ୍ତାନଙ୍କ ସଂଘର୍ଷ
ଆଉ ଲକ୍ଷ୍ୟ:
ମୁଁ ଭାରତୀୟ ମୋ
ଭାରତ ମାଟିକୁ ସ୍ୱାଧୀନ କର ।
ସେମାନଙ୍କ ଆତ୍ମାର ବିଳାପ
ଆଶା ଆକାଂକ୍ଷା ମାତ୍ର

ଚାପା ପଡ଼ିଯାଏ
ନୈରାଶ୍ୟର ଉଇହୁଙ୍କା ସୌଧରେ ।

ମନେପଡ଼େ...
ଭାରି ମନେପଡ଼େ ସେ
ଆତ୍ମୀୟଙ୍କ ହତାଶା ରାଗିଣୀ
ଗୁଳିଗୋଳା ବାରୁଦ ଓ
ମର୍ମନ୍ତୁଦ ଯନ୍ତ୍ରଣା କାହାଣୀ
ସେମାନଙ୍କ ଦିଆ ଅମୃତ ଆଉ
ଅମୃତ ବାଣୀ
ଭାରି ମନେପଡ଼େ ।

ମନେପଡ଼େ ତ ମନ କହେ,
ଲିଭିଯାଉ ବର୍ଷ ବର୍ଷର ସନ୍ତାପ
ହା ହୁତାସ ଅବସାଦ ମନସ୍ତାପ
ମନକୁ ଆସେ ତ
ମନରେ ଭକ୍ତି ଓ ଶ୍ରଦ୍ଧାର ପତାକା ଉଡ଼ାଇ
ଶାନ୍ତି ମୈତ୍ରୀ ସହ କାନ୍ଧକୁ କାନ୍ଧ ମିଳାଇ
ମନ ଉଚ୍ଚାରେ,
ମୋ ଭାରତ ମା'ର ଜୟ ହେଉ
ମୋ ଭାରତ ମାଟିର ଜୟ ହେଉ ।

❑❑

ପ୍ରାରବ୍ଧ

ହେ ନିଷ୍ପ୍ରାଣ ପାହାଡ଼
ତୁମେ କଙ୍କାଳଟିଏ
ତୁମ ସ୍ୱର୍ଣ୍ଣିମ ଅତୀତର।

ହେ ଅସହାୟ ପାହାଡ଼
ସୂର୍ଯ୍ୟଙ୍କ ସୁନେଲୀ କିରଣ
ବନ୍ଦୀ ହୁଏ ତୁମରି କୋଳରେ
ପୁଣି
ଅସ୍ତ ରଙ୍ଗ ନେଇ ନିରାଶାର
ଦୀର୍ଘଶ୍ୱାସ ଛାଡ଼େ ତୁମରି କୋଳରେ,
ଲୁଚିଯାଏ
କେଉଁ ଅଜଣା ରାଇଜେ ? ?
ଉତ୍ତର ମତେ ଜଣା ନାହିଁ।

ସାନ୍ତ୍ୱନା ଦିଏ ନିଜେ ନିଜକୁ
ସୃଷ୍ଟିରେ ବହୁ ପ୍ରଶ୍ନ ଏବେ ବି
ଅମୀମାଂସିତ।

ଭାବ ଓ ଭାବନା
ଦିହେଁ ଦିହିଁଙ୍କୁ କିନ୍ତୁ ପଚାରି ଚାଲୁଥାନ୍ତି

ଇଚ୍ଛା ସବୁ ବାନ୍ଧି ହେଇଥାଏ
ଅନିଚ୍ଛାର ଲୁହା ଶିକୁଳିରେ ।

ତଥାପି ତୁମେ ଶାନ୍ତ, ସମାହିତ,
ଶିଥିଳ
ଏକ ପାଦେ ଦଣ୍ଡାୟମାନ ରହି
ବର୍ଷ ବର୍ଷ କାଳ
ତେଜୋଦୀପ୍ତ ଯୋଗୀଟିଏ ପରି
ତୁମେ ଭୁଲିସାରିଛ ତୁମ ବୟସ
ମା' ଛେଉଣ୍ଡ ଛୁଆଟିଏ ପରି ।

ସ୍ୱେଚ୍ଛାଚାରୀ ସମୟର
ନିଷ୍ଠୁର ବନ୍ଧନରେ ବାନ୍ଧିହେଇ ଯାଇଛ
ନିଜେ ନିଜକୁ ପ୍ରଶ୍ନ ପଚାରି ଚାଲିଛ
କିଏ ମୋ ଆତ୍ମୀୟ ?
ଗଛ ନା ଘାସ ?
ରଙ୍ଗବେରଙ୍ଗ ଫୁଲ ଫଳ
ନା କୋଇଲିଙ୍କ କୁହୁ ?
ପ୍ରଭାତୀ ସୂର୍ଯ୍ୟଙ୍କ ସୁନେଲୀ କିରଣ
ନା ଦିବା ସୂର୍ଯ୍ୟଙ୍କ ଟାଣ ?
ନା ଅମା ଅନ୍ଧକାର ବେଳ
ନା ମୋ ପୂର୍ବଜନ୍ମର କର୍ମଫଳ
ପ୍ରାରବ୍ଧ ? ?

❑❑

ଅଲେଖା କବିତାଟିଏ

କେବଳ ସମୟ ହିଁ ସତ୍ୟ
ଦୁଇଟା ଜଳନ୍ତା ଆଖିନେଇ
ବର୍ତ୍ତମାନ ଓ ଭବିଷ୍ୟତର
ବ୍ୟବଧାନକୁ
ନିମିଷେ ପୂର୍ଣ୍ଣାହୁତି ଦେଇ
ମୋ ଆଡ଼କୁ କଟମଟ କରି ଚାହେଁ
କବିତା ଅଲେଖା ରୁହେ।

ମୁଁ ଜାଣେ ମୁଁ ଆତ୍ମା
ମୁଁ ବ୍ରହ୍ମ ମୁଁ ସତ୍ୟ
ମୁଁ ଶିବ ମୁଁ ସୁନ୍ଦର
ମୋର କେହି କିଛି କ୍ଷତି କରିପାରିବେ ନାହିଁ
ମନରେ ସଂଶୟ ତଥାପି ଥାଏ
କବିତା ଅଲେଖା ରୁହେ।

ମୋ ଆଖିରୁ ଲୁହଝରେ ନୀରବରେ
ମନରେ ଉଠେ ପ୍ରଶ୍ନ ପରେ ପ୍ରଶ୍ନବାଚୀ
ଶ୍ରାବଣର ଧାରା ପରି

ଅବାରିତ ଯୁକ୍ତି
କପୋଳ କଳ୍ପିତ ଯେତେ ତିକ୍ତ ଅନୁଭୂତି ।

ଅନାୟାସେ ରୁଦ୍ଧ ହୁଏ, ଏ ଦୁନିଆଁରେ
ଅଘଟଣ କିଛି ନୁହେଁ,
ଥରେ ଏହି ଶରୀରରୁ
ନିଆଁଝୁଲ ଝଡ଼ିଗଲା ପରେ
ଇହ, ପର, ଜନ୍ମଜାତକର
ଡୋରି ଘୁରୁଥାଏ
ମୃଗତୃଷ୍ଣା ପରି
ମାୟାର କୁହୁକ ଜାଲରେ
ଅଭିନ୍ନ ଆତ୍ମା ପୁଣିଥରେ ଚେଇଁଉଠେ,
ଅନାଗତ ପଥର ସନ୍ଧାନରେ ।

ସତ୍ୟ, ମିଥ୍ୟାର ଦ୍ୱାହିଦେଇ
ସନ୍ଧିପତ୍ରର ବେଢ଼ା ଡେଇଁ
ନିଃସ୍ୱାର୍ଥ ଯଜ୍ଞର ଲେଲିହାନ
ଅଗ୍ନିକୁଣ୍ଡରୁ ଜନ୍ମନିଏ କବିତା
ଏକ ଭିନ୍ନ ଦେହ, ଭିନ୍ନ ଚେତନାରେ
ଅଜଣା ପୁଲକ ଜାତ ହୁଏ
ଅଲେଖା କବିତା ଲେଖି ହେଇଯାଏ ।

❑❑

ଭିଜା ମାଟିର ବାସ୍ନା

ବର୍ଷା ଆସିନି ତଥାପି ଭିଜା ମାଟିର ବାସ୍ନା
ସମସ୍ତଙ୍କୁ ମତୁଆଲା କରି ଫେରି ଆସୁଥିଲା
ମରୁଭୂମିର ଧୂଳିଝଡ଼ ଭଳି
ବଗିଚାରୁ ଧୂ ଧୂ ଖରାରେ ।

ସତେ ଯେମିତି କେହି ଜଣେ ନଈକୂଳେ ବସି
ଋତୁକୁ ଆବାହନ କରୁଛି
କେହି ଯେମିତି ରାତ୍ରୀର ଗଭୀରତାକୁ ଡରି
ଆଲୋକର ପଥ ଆଡ଼େ ପାଦ ବଢ଼ାଉଛି ।

ବର୍ଷା ଆସିନି ତଥାପି ଭିଜା ମାଟିର ବାସ୍ନା ।

ତୁମ ସ୍ମୃତି ମୋତେ ଅଧିର କରୁଥିଲା
କିନ୍ତୁ ତୁମେ ଫେରିଯାଇଥିଲ ତୁମ ପୁରୁଣା
ରଙ୍ଗଛଡ଼ା ଜାଗାକୁ, ମନ ତୁମର ତ୍ରିଛକରେ ।

ପୁଣି ଏକ ଆଶାର ସ୍ୱପ୍ନ ନେଇ
ଦେହର ଅଗଣାରେ
ସୁଲୁସୁଲୁ ପବନର ଚିତ୍ର ଆଙ୍କୁଥିଲା
ବର୍ଷା ଆସିନି ତଥାପି ଭିଜା ମାଟିର ବାସ୍‌ନା ।

ପାପ ପୁଣ୍ୟର ବିଚାର ନକରି
ତୁମେ ସତେ କେତେ ସ୍ଥିର ?
ରାଗ ରୁଷାର ଉଚ୍ଚାରଣରେ ଆଜି
ସତେ, ତୁମେ କେତେ ଧୀର ?

ନୀଳକଣ୍ଠ ପରି ଅନ୍ୟର ଦୁଃଖକୁ
ନିଜ କୋହରେ ମିଶାଇ
ଆଜି ଯାତ୍ରାର ଶୁଭାରମ୍ଭ ତୁମର
ବର୍ଷା ଆସିନି ତଥାପି ଭିଜା ମାଟିର ବାସ୍‌ନା ।

❑❑

ଇନ୍ଦ୍ରଧନୁ ଓ ମୁଁ

ଇନ୍ଦ୍ରଧନୁ ଗୋ ଭଲଲାଗେ ତୁମ ରଙ୍ଗ
ମୋ ରଙ୍ଗ ଭରିବାକୁ
ତୁମେ ନାହଁ।
ଭଲ ଲାଗେ ତୁମ କଥା ଭାବିବାକୁ
ମନେହୁଏ ଜୀବନରେ
କିଛି ସାରାଂଶ ନାହିଁ
କେଉଁଠି ନ ପହଞ୍ଚି ପାରିବାର ଦୁଃଖ
ଇଚ୍ଛାମାନଙ୍କୁ ଅକ୍ତିଆର କରିବାର କ୍ଷୋଭ
ବିତିଯାଇଥିବା ରାତିକୁ ଝୁରି, କେବଳ
ଅବଶୋଷ।

ଏ ସବୁକୁ ଗୋଟି ଗୋଟି କରି
ଫାଙ୍କି ନେଲା ସମୟ
କିନ୍ତୁ ଇନ୍ଦ୍ରଧନୁର ସପ୍ତରଙ୍ଗେ
ଫୁଟେ ପ୍ରେମର କଦମ୍ବ
ସାବ୍ନା ମେଘକୁ ଛୁଇଁବାକୁ ଘୁରିବୁଲେ
ନଈନାଳ, ପାହାଡ଼ ପ୍ରାନ୍ତର
କେତେ ଗ୍ରାମ ଓ ସହର।

ସେ ଆଉ ଛୁଇଁ ପାରେନି ଏ ଗମ୍ଭୀର ବିସ୍ମୃତି
କି ଆକାଶର ମେଘକୁ ନାଶି ବି ପାରେନି
ହସି ପାରେନି, କାନ୍ଦି ପାରେନି
ସବୁ ରଙ୍ଗକୁ ଛାଡ଼ି ଶେଷରେ
ଓହ୍ଲାଇଆସେ ଘନକଳା ରାତ୍ରୀ ହୋଇ
ମୋ ମନ ବେଳାକୁ।

❑❑

ଅସଜଡ଼ା ଏ ଜୀବନ

ସବୁ ବେହିସାବ ନାହିଁ ଠିକଣା
ଏ ଜୀବନ କେତେ ଅସଜଡ଼ା।
ନଦୀ ବଢ଼ିଲେ ଯାହା, ମେହେଫିଲ୍‌ର
ମତୁଆଲାରେ ତାହା
ବାତ୍ୟା ବିଭୀଷିକାରେ ଯାହା
ସଙ୍ଗୀତ ମୂର୍ଚ୍ଛନାରେ ତାହା
ରୋଗବ୍ୟାଧି ଯନ୍ତ୍ରଣାରେ ଯାହା
ମିଠାମିଠା ସମ୍ପର୍କରେ ତାହା
ସବୁ କିଛି ବେହିସାବ, ନାହିଁ
ଠିକଣା
ଏ ଜୀବନ କେତେ ଅସଜଡ଼ା।

ଜୀବନ ବେଳେବେଳେ
କେଡ଼େ ଅନ୍ୟମନସ୍କ।
ତା' ଅନ୍ୟମନସ୍କତାର ଫାଙ୍କରେ
ଯୌବନ ସାଜେ ଅପଥଚାରିଣୀ
ପ୍ରେମପ୍ରୀତିଭରା କୁହୁକିନୀ

ପ୍ରଜାପତି ସାଜେ
ମଧୁ ଚୁଷେ
ଅବୈଧ ପୀରତି ଯୋଡ଼େ
ଲୋଡ଼େ, ପୁଣି ଦଳିଦିଏ
ଦଳି ହେଇଯାଏ ।

ସମ୍ପୂର୍ଣ୍ଣତା ଭିତରେ କେଡ଼େ
ଅସମ୍ପୂର୍ଣ୍ଣ
ତା' ଜୀବନ, ମିଥ୍ୟାର ଭ୍ରମ ।
କ'ଣ ପାଏ କ'ଣ ହଜାଏ
ନିଜେ ବି ଜାଣେନା
କୁରାଢ଼ୀର ଧାର ପରଖୁ ପରଖୁ
ସତ୍ୟ ଓ ମିଥ୍ୟାର କାଠଗର ଭଳି
ଦି' ଗଡ଼ ହେଇଯାଏ ଜୀବନ
ଏଠି ସବୁକିଛି ବେହିସାବ
ନାହିଁ ଠିକଣା
ଜୀବନକୁ ସୁଦ୍ଧା ଅଜଣା ।

❑❑

ପ୍ରତୀକ୍ଷା

ମୁଁ ତୁମ ପ୍ରତୀକ୍ଷାରେ
ପୁଣି ଥରେ ଦେଖାହେବ,
କେବେ ଏବଂ କେଉଁଠାରେ ?
ମୁଁ ତାହା ଜାଣେ ନାହିଁ...

କେତେବେଳେ ମୁଁ ହୋଇପାରେ,
ତୁମ କଳ୍ପନାରେ ଏକ ଚିତ୍ର
କିମ୍ବା
ବୋଧହୁଏ ମୁଁ ନିଜେ
ଏକ ରହସ୍ୟମୟ ରେଖାଟିଏ ହୋଇ
ଟାଣି ହୋଇଯିବି ତୁମ କାନ୍‌ଭାସ୍‌ରେ
ତୁମକୁ ଆଚମ୍ବିତ କରି
ଏବଂ ପୁଣି ଥରେ ଦେଖାହେବ ।

ପୁଣି ଭାବେ, ମୁଁ ସୂର୍ଯ୍ୟଙ୍କ କିରଣଟିଏ ହେବି,
ଏବଂ ତୁମ ରଙ୍ଗରେ ଝଲସି ଉଠିବି,
ଗଛ ପତ୍ର ମଧ୍ୟେ ଲୁଚକାଳି ଖେଳି
ମିଶିଯିବି ମାଟି ଓ ଆକାଶ ମଧ୍ୟରେ
କିନ୍ତୁ ତୁମ ଆଡ଼କୁ ଚାହିଁବି
ଏବଂ ପୁଣି ଥରେ ଦେଖାହେବ ।

ବୋଧହୁଏ ମୁଁ ଏକ ଝରଣା ହେବି
ଏବଂ ଏଥିରୁ ଝରୁଥିବା ଜଳକୁ
ବୁନ୍ଦା ବୁନ୍ଦା ତୁମ ଦେହରେ ଛିଞ୍ଚିବି
ଶୀତଳତାର ପ୍ରତୀକ ସାଜି
ତୁମ ଜଳୁଥିବା ଛାତିର ନିଆଁକୁ ଲିଭାଇବି
ଏବଂ ପୁଣିଥରେ ଦେଖାହେବ।

ଏଠି ସମୟ ଆଗକୁ ଆଗକୁ ବଢୁଥାଏ
ଜୀବନ ତା' ସହ ତାଳ ଦେଉଥାଏ,
ଦିନେ ବିନଷ୍ଟ ହୁଏ
କେବେ କେବେ ମଣିଷ ହଜାଇଦିଏ
ତା' ଭିତରର ମଣିଷକୁ,
ମାତ୍ର ମୁଁ,
ସ୍ମୃତିର ସୁତା ଖିଅଟିଏ ହୋଇ
ତୁମ ଚେତନାର ପୋଷାକରେ ବୁଣା ହୋଇଯିବି
ଏବଂ....
ସକଳ ପ୍ରତୀକ୍ଷାର ଅନ୍ତ ଘଟାଇବି।

❑❑

ମା' ଶବ୍ଦ

ଆଜି ଆଖି ଖୋଲି ଖୋଜୁଛି
କାନପାତି ଶୁଣୁଛି
ମନ ନେଇ ମାପୁଚି
ମା'ର ସେଇ ଅଗଣାରେ,
ନିବିଡ଼ ଗେହ୍ଲାପଣ ।

ମନ ହିଁ ତ
ସ୍ୱର୍ଗ ମର୍ତ୍ତ୍ୟର ସ୍ଥପତି
ଆକାଶଗଙ୍ଗା, ଅନ୍ତରୀକ୍ଷ
ଅବା ମୋକ୍ଷ
ସବୁକିଛିର ସ୍ଥପତି, ଆଙ୍କେ
ହୃଦୟ କନ୍ଦରରେ ।

ଦୁଇଟି ହୃଦୟ ମମତାର ଡୋରିରେ ବନ୍ଧା
ଚୁନା ଚୁନା ସ୍ମୃତିକୁ ସାଉଁଟି
ନିଶ୍ୱାସରେ ସଜୀବପଣ
ଶବ୍ଦରେ ଶବ୍ଦରେ କବିତା ।

ମା' ଶବ୍ଦ ମୋ ଲାଗି ମୋ କବିତା
ସତ୍ୟ ସତ୍ୟ ତ୍ରିବାର ସତ୍ୟ
ସମ୍ପର୍କ ଅନନ୍ତ ଜନ୍ମର
ସୃଷ୍ଟିର ଆଦିମ କାଳରୁ ।

❑❑

ସ୍ରଷ୍ଟାଙ୍କୁ ପ୍ରଶ୍ନଟିଏ

ତୁମ ସୃଷ୍ଟିରେ, ସୃଷ୍ଟିର
ଚମତ୍କାରିତା ଭିତରେ
ମଣିଷ ମନର, ଅଶାନ୍ତ ଭାବନାର
ଅବ୍ୟକ୍ତ ଯନ୍ତ୍ରଣା
ହେ ସ୍ରଷ୍ଟା ! ତୁମେ କୁହ କାହିଁକି
ଭରିଦେଲ ଏତେ ମାୟାର ମୋହ ?

ତୁମ ସୁନ୍ଦର ସୃଷ୍ଟିରେ ମାତୃତ୍ୱ
ଚିର ବନ୍ଦନୀୟା
ପ୍ରାତଃ ସ୍ମରଣୀୟା
ଯୁଗ ଯୁଗ ବ୍ୟାପୀ ଆମେ ପୂଜିଛୁ
ମାତୃତ୍ୱର ମହନୀୟତାକୁ
ନାରୀତ୍ୱର ଲଜ୍ଜା, ସମ୍ବେଦନାର
ଦୀପ୍ତିମନ୍ତ ପ୍ରତିମାକୁ
ହେ ସ୍ରଷ୍ଟା ! ତୁମେ କୁହ କାହିଁକି
ମାତୃତ୍ୱ ଏବେ ଅସହାୟା
ସତୀତ୍ୱ ଏବେ ମର୍ଯ୍ୟାଦା ହରାଇ
ପତିତା, କଳଙ୍କିତା ?

ସମୟ ବେଳାଭୂମିରେ ହସ କାନ୍ଦର ଢେଉ
ଆଶା, ସ୍ୱପ୍ନ, କଳ୍ପନା ଓ ଅପେକ୍ଷାର ଛନ୍ଦ
ହେ ସ୍ରଷ୍ଟା କାହିଁକି
ସେ ବେଳାଭୂମିରେ ଅମାବାସ୍ୟାର
ଅଶାନ୍ତ ଲହରୀ ?

ସମ୍ପର୍କ ସେତୁ ପରେ ଆତ୍ମୀୟତା
ପ୍ରଗାଢ଼
ସ୍ନେହ ପ୍ରେମ ପ୍ରୀତି
ପାର୍ଥିବ ଅପାର୍ଥିବ
ହେ ସ୍ରଷ୍ଟା କାହିଁକି
ଆତ୍ମୀୟତାରେ ଭରିଦେଲ
କପଟତା, ଛଳନା ଓ ହିଂସ୍ରତା
ଦ୍ୱେଷ ବିଦ୍ୱେଷ ?

ହେ ମୋର ପ୍ରାଣାଦପିପ୍ରିୟ ସ୍ରଷ୍ଟା !
ଏବେ ତୁମ ଲାଗି ଅଗ୍ନି ପରୀକ୍ଷା
ଉତ୍ତୀର୍ଣ୍ଣ ହେବ, ମୋ ପ୍ରଶ୍ନର ଦେବ ଉତ୍ତର
ନା କାଷ୍ଠପିତୁଳାବତ୍
ସବୁ ଅଧର୍ମ ଅକର୍ମର ମୂକସାକ୍ଷୀ ସାଜି
ଆଖି ଫାଡ଼ି ଚାହିଁଥିବ ?

❑❑

ମନଗଢ଼ା କଥା

ଭାବର ପୀରତି
ଶ୍ରୀରାଧାଙ୍କ ଚିଠି
ଗୋପପୁରୁ ଦ୍ୱାରକାକୁ
ପ୍ରାଣପ୍ରିୟ ଶ୍ରୀକୃଷ୍ଣଙ୍କ ପାଇଁ।
କେତେ ଅପନିନ୍ଦା
କଳଙ୍କକୁ ସାଥେ ଧରି
ସ୍ୱପ୍ନରେ ନିତି ଭୋଳ
ରାସ ଆଉ
ଅଗାଧ ପ୍ରୀତିଭରା ସ୍ନେହ
ନିତ୍ୟ କିନ୍ତୁ
ଶୁଣୁଥାଏ
ମଧୁର ସେ ବଇଁଶିର ସ୍ୱନ
ଉତ୍ତର ତ ପାଇନାହିଁ କେବେ
କେବଳ
ଚିଠି ଖାଲି ଦେଉଥାଇ...
ପ୍ରେମର ବନ୍ଧନ।

କେତେବେଳେ
ପୁଷ୍ପରାଜିରେ ଆଙ୍କିଦିଏ
ଚୁମ୍ବନକୁ ବୋଲି,
ଅବା
ତାମ୍ର ଫଳକରେ
ଲେଖେ ଶବ୍ଦକୁ ସଜାଡ଼ି।

ହିମାଳୟେ ଶିବଙ୍କର
ପରମ ସନ୍ତୋଷ,
ରାମଗିରି ଶିଳାପରେ
ଯକ୍ଷର ସନ୍ଦେଶ...
ମାରୀଚ ଅବା ସୁବର୍ଣ୍ଣ ହରିଣ, ଜଟାୟୁ ଶରଣ
ସବୁ ଲାଗେ କିମ୍ବଦନ୍ତୀ
ମନଗଢ଼ା କଥା ।
କାହାକୁ ଅବା ବୁଝାଇବି
ମୋ ମନର ଦରଦିଆ କଥା
ଜଟିଳା ଆଉ କୁଟିଳା
ଲଳିତା ବା ବିଶାଖା
ସବୁଲାଗେ ମିଛ ପ୍ରହେଳିକା
ସୁଦ୍ଧୁ ମନଗଢ଼ା କଥା ।

ଏମିତି ମନକୁ ଆସେ
କଳିକାଳେ ଏଠି ସବୁ
ଯେତେ ରାଧା, ପରକୀୟା
ପ୍ରେମର ଜ୍ୱାଳାରେ
ସହୁଥିବେ ସ୍ୱାମୀ ନିର୍ଯ୍ୟାତନା
ଆଉ ଭାବୁଥିବେ
ଏଠି ସବୁ ମିଛ
ଜୀବନ ବି ତୁଚ୍ଛ
ପ୍ରହେଳିକାମୟ
କିନ୍ତୁ
ପ୍ରେମ ଖାଲି ସବୁବେଳେ
ମନଗଢ଼ା ଜୀବନ୍ତ ଖେଳଣା ।

❑❑

ଶରୀର ଈଶ୍ୱର

ଚୌରାଶି ଲକ୍ଷ ଯୋନିରେ ଜନ୍ମଯାତ୍ରା ପରେ
ମଣିଷ ପ୍ରଶ୍ନ କରେ
ନିଜେ ନିଜକୁ: କେବେ ?
କେବେ ଶେଷ ହେବ ଜନ୍ମ ଜନ୍ମାନ୍ତରର
ଯେ ଅବିରାମ ଯାତ୍ରା ?

ପ୍ରଶ୍ନ କରେ, ପୁଣି ହଜିଯାଏ
ସ୍ମୃତି ବିସ୍ମୃତିର କେତେ କେତେ
ବାଂଛିତ, ଅବାଂଛିତ ସ୍ୱପ୍ନରେ ।

ରୂପାନ୍ତର ସତ୍ୟ, ଯେ ଜଗତ ନିୟମ
ଜନ୍ମ ଜନ୍ମର ସନ୍ତକ
ଇଚ୍ଛା ହୁଏ ଆବୋରିବାକୁ
ଅବିକଳ
ଦେହରେ, ମନରେ, ହୃଦୟରେ ।

ମଞ୍ଚାସୀନ ବହୁ କଳାକାର
ନାରୀ ଓ ପୁରୁଷ
ଭବ୍ୟ ମଞ୍ଚେ, ଭୋଗ୍ୟ ଯେ
ସଂସାର
ଶରୀର ଈଶ୍ୱର ।

ଶରୀର ଈଶ୍ୱର
ଈଶ୍ୱର ଶରୀର
ସଂଭୋଗର ମହାମନ୍ତ୍ରେ
ଜନ୍ମ ଜନ୍ମାନ୍ତର।

ମନ ପୁଣି କେବେ ମୁକ୍ତି ଅନ୍ୱେଷଣେ
ତୀର୍ଥ ଅଭିଳାଷ ଧରେ
ଶରୀରକୁ ଭୁଲେ
ପୂଜାପାଠ, ଭକ୍ତି, ମୁକ୍ତି, ନୀତିକାନ୍ତିର
ସନ୍ଧାନ କରେ
ଶରୀରଈଶ୍ୱରକୁ ଈଶ୍ୱରଙ୍କ ମହାର୍ହ ଦାନ ମଣେ।

ସମର୍ପିତ ମନ ନେଇ ସ୍ନାନ କରେ ଯେବେ
ପୂଣ୍ୟର ଶତଦଳ ପୁଷ୍କରିଣୀରେ
ତୁଚ୍ଛ ମନେହୁଏ ନଶ୍ୱର ଶରୀର
ପ୍ରଶ୍ନ କରେ ନିଜକୁ
ନାରୀତ୍ୱ ଓ ପୁରୁଷାର୍ଥକୁ
ଦେହ ବିନା ନାହିଁ କ'ଣ ପୂର୍ଣ୍ଣ ସମର୍ପଣ ?
ଉତ୍ତର ପାଏ, ଈଶ୍ୱର ବି ଅର୍ଦ୍ଧନାରୀଶ୍ୱର
ଶରୀର ଈଶ୍ୱର
ଶରୀର ଈଶ୍ୱର।

❑❑

ମହମବତୀ

ମହମ ଫରୁଆରେ ବନ୍ଦୀ
ମହମବତୀ
ଲାଗେ, ନିଆଁର ଆଶ୍ଲେଷରେ ତା'ର
ନିରାସକ୍ତ ଆତ୍ମସମର୍ପଣ ।

ମହମ ତରଳୁଥାଏ,
ଆଲୋକ ବିଞ୍ଚୁଥାଏ ବତୀ
ଲାଗେ ସେ କାନ୍ଦୁଥାଏ
ଜଳି ଜଳି ସରି ସରି
ଆସୁଥାଏ କେହି ଜଣେ
ଫୁଙ୍କି ନଦେଲା ଯାଏଁ ।

ଲାଗେ, ଜଳୁଥାଏ ଆକ୍ରୋଶରେ
କୃତ୍ରିମ ଆଲୋକ ବିଞ୍ଚିବାର
ଆପ୍ରାଣ ଉଦ୍ୟମ ଭିତରେ
ଅନ୍ଧକାର ସହ ଯୁଝି
ଅନ୍ଧକାରକୁ ସବୁଦିନ ଲାଗି
ନିଶ୍ଚିହ୍ନ କରିବାର ସଂକଳ୍ପରେ ।

କେତେ କାଳ ସେ ଏମିତି ଜଳୁଥିବ ?

ସେ ନିଜେ ବି ଜାଣେନି
ବୋଧହୁଏ ଯେତେ ଦିନ
ତା'ର ଅଭୀପ୍ସା ଜୀବନ୍ତ ଥିବ
ଓ ସ୍ଥିତି ଦୋହଲି ନଥିବ ।
ତରଳୁଥିବ ତ
ଅନ୍ଧକାରକୁ ତରଳାଉ ଥିବ
ସଂକଳ୍ପ ତା'ର
ତୁମେ ଚାହିଁଲେ ତାକୁ ମୁକ୍ତି ଦେଇପାର ।

ବେଳେବେଳେ ହତବାକ୍ ହୁଏ ମହମବତୀ
ଓ ନିଜକୁ ପଚାରେ:
ଜଳିବାଟା କ'ଣ ଜୀବନ ?
ଇୟେ ଜୀବନ ନା ଜୀବନୋତ୍ତର ?
ପାଏନି ଉତ୍ତର ।

ଭାବି ଉଲ୍ଲସିତ ହୁଏ
ଯେ ଜଳିବା ତା'ର କର୍ମ
ଜଳି ଆଲୋକ ବାଣ୍ଟିବା
ତା' ଧର୍ମ ।
ଜଳୁଥାଏ, ବାଣ୍ଟୁଥାଏ
ସରିଯିବା ଯାଏଁ
ଅବା କେହି ସମୟ ଆଗରୁ
ଫୁଙ୍କି ଲିଭେଇ ଦବା ଯାଏଁ ।
❑❑

ଶବ୍ଦ ବ୍ରହ୍ମ

ବ୍ରହ୍ମ ସତ୍ୟ ଜଗତ ମିଥ୍ୟା
ଅକ୍ଷରଙ୍କ ମିଳନରେ ଶବ୍ଦ
ଶବ୍ଦର ମିଳନରେ ସୃଷ୍ଟି
ଓଁ କାରର
ଅ-ଉ-ମ
ଅକ୍ଷରରୁ ଜାତ ବ୍ରହ୍ମ।

ନିଜ ଅଜ୍ଞାତକୁ ଆକଳନ କରିବା ଭିତରେ
ମନ ଖୋଜୁଥାଏ ନୀରବରେ
ଚଉରାମୂଳର ସଞ୍ଜବତୀ
ମନ୍ଦିର ବେଢ଼ାର ଘଣ୍ଟ ଘଣ୍ଟା ଶଙ୍ଖଧ୍ୱନୀ।

ଅନୁଭବ ଜଗତରେ ବିଚରଣ ବେଳେ
ଶବ୍ଦ ଖେଳି ବୁଲୁଥାଏ
ମା'ର ବାତ୍ସଲ୍ୟରେ
ନିଆରା ଶବ୍ଦରେ ପର ଆପଣେଇ ନିଏ
ସାତ ଜନ୍ମର ପ୍ରେମ ବନ୍ଧନରେ।

କେବେ ପୁଣି ଝଡ଼ର ତାଣ୍ଡବ ତୋଳେ
ଈର୍ଷା ଓ ହିଂସାର ଶବ୍ଦ
ଘମାଘୋଟ ଅନ୍ଧାର ରାତିରେ, ମାତ୍ର
ନୀରବତାର ସାଞ୍ଜୁ ପିନ୍ଧିଲେ
କ୍ଷଣିକ ଅସ୍ୱାଭାବିକତା ସୁଦ୍ଧା
ସ୍ୱାଭାବିକ ହୁଏ।

ବ୍ରହ୍ମକୁ ଶାନ୍ତି ଦେବା ପାଇଁ ପ୍ରେମ ଓ ଭକ୍ତିର
ଶବ୍ଦ ମୁଁ ଖୋଜୁଛି
ଦିନୁଁ ଦିନ ମାସ ମାସ ଜନ୍ମ ଜନ୍ମ
ଯୁଗ ଯୁଗାନ୍ତର ଯାଏଁ
ଆଉ ଆବିଷ୍କାର କରୁଚି ଦିନେ ଅଚାନକ
ମଣିଷପଣିଆରେ ଅବଗାହନ କରି
ସ୍ୱୟଂ ପାଲଟି ଯାଇଛି ଶବ୍ଦ ବ୍ରହ୍ମ।

❑❑

ରକ୍ତର ସମ୍ପର୍କ

ଆକାଶରୁ ଥାକ ଥାକ ଶୂନ୍ୟତା ଆଜି
ଝରିପଡ଼େ ମୋ ଜୀବନ ପରିଧିରେ
ପରିଚୟ ଦାୟରେ, ସମ୍ପର୍କର
ଓଢ଼ଣା ତଳେ
ମନ ମୃଦଙ୍ଗରେ ରହିରହିକା ବାଜୁଥାଏ
ମୋ ପିଲାଦିନ
ଆଉ ପିଲାଦିନର ସ୍ନେହଭିଜା ଦିନ ରାତି ।

ରାକ୍ଷୀ ବାହାନାରେ ଭଉଣୀର ମିଛ ଅଭିମାନ
ଭାଇ ପାଖେ,
ପୁଣି ମା'ର ସ୍ନେହବୋଳା ତାଗିଦ୍:
'ଆଜି ଗହ୍ମାପୁନେଇଁ
ଗୋମାତାଙ୍କୁ ଗାଧୋଇ ଦିଅ
ପୋଛିପାଛି ନିଚିପଡ଼ କରି
ତିଆରିଛି ମଣ୍ଡା ଗଇଁଠା ଏଣ୍ଡୁରି
ମୁହାଁଇ ଦେଇ ଆସ ।'
ସେ ମା' ଆଜି ନାହିଁ
ଫଟ ହେଇ ଟଙ୍ଗା ହେଲାଣି କାନ୍ଥରେ
ସ୍ୱପ୍ନମାନେ ସମାଧିସ୍ଥ ସ୍ମୃତିର ଅନନ୍ତଗର୍ଭରେ ।

ତଥାପି ସତ୍ୟ ସୂର୍ଯ୍ୟ ଚନ୍ଦ୍ର ଭଳି,
ଅଗ୍ନି ମରୁତ ଭଳି,
ରକ୍ତର ସମ୍ପର୍କଟା ସଦା ଜୀବନ୍ତ
ସଦା ଜାଗ୍ରତ।
ଯୋଜନ ଯୋଜନ ଦୂରତ୍ୱକୁ କାଟି
କୋଉ ଖଂଜରେ ଟାଣି ନେଇ ଆସେ
ସ୍ନେହ ପ୍ରୀତିର ବନ୍ଧନ
ଭାଇଭଉଣୀଙ୍କ ନିବିଡ଼ତା
ହୃଦୟକୁ ଭିଜେଇ ଦିଏ
ମିଠା ମିଠା ହେଉ ବା ଗହ୍ଲାପୁନେଇଁର
ଅତୁଟ ବନ୍ଧନ ରକ୍ତର।

❑❑

ଭାରି ଇଚ୍ଛା ହୁଏ

ମମତାର ମହକ ନୁହେଁ ସୀମାବଦ୍ଧ
ମଣିଷ ମନଗଢ଼ା ପ୍ରାଚୀର ମଧ୍ୟରେ
ସ୍ନେହ ସୁରଭି ବନ୍ଦୀ ନୁହେଁ,
ଫୁଲ ପାଖୁଡ଼ାରେ।

ଶ୍ରଦ୍ଧାର ବାସ୍ନା ନୁହେଁ ବିକଶିତ
ଶ୍ରଦ୍ଧାହୀନ ହୃଦୟ କନ୍ଦରରେ
ସେପାଇଁ ଲୋଡ଼ା
ପ୍ରସାରିତ ମନ, ଉଦାର ହୃଦୟ
ଭାରି ଇଚ୍ଛା ହୁଏ ବିଶ୍ୱର ଏ ପ୍ରାନ୍ତରୁ
ସେ ପ୍ରାନ୍ତ
ଖେଳିବୁଲୁ ମମତାର ସୁଗନ୍ଧି ମହକ
ବିଶ୍ୱାସ ଝଲସିଯାଉ ଦୂରରୁ ଦୂରାନ୍ତ
ଭାରି ଇଚ୍ଛା ହୁଏ।

ଭାରି ଇଚ୍ଛା ହୁଏ
ମମତାର ସୁରଭି ବାସ୍ନାୟିତ କରୁ
ଦୁନିଆଁର କୋଣ ଅନୁକୋଣ, ଲିଭିଯାଉ
ଈର୍ଷା ଆଉ ଘୃଣାର ନିଆଁ।
ଶ୍ରଦ୍ଧାର କୁସୁମ ସୁରଭିତ ହେଉ
ଭରିଦଉ
ମନରେ, ହୃଦୟରେ ଅପାର୍ଥିବ ସରାଗ
କଳିର କରାଳ ସ୍ୱର ପୋଛି ହେଇଯାଉ
ବିଞ୍ଚିଦଉ ପବିତ୍ରତା ଓ ପ୍ରେମର ବାର୍ତ୍ତା
ଅମା ଅନ୍ଧାରରେ ଭରିଦଉ ଶାନ୍ତିର ଆଲୋକ
ଭାରି ଇଚ୍ଛା ହୁଏ।

❑❑

ଅଦୃଷ୍ଟ ପୁରୁଷ

ଅସଂଲଗ୍ନ ଆବେଗରେ ଉଜୁଡ଼ା ମୁହୂର୍ତ୍ତ
ମନକୁ ଦୋହଲାଇ ଦିଏ
ତା' ନୀରବତାର ଧ୍ୱନୀ ପଥର ଫଟାଇ
ଝରିଯାଏ ।
ସେ ଅନୁଭବ
ସେ ଅଦୃଶ୍ୟ ମିଳନର କଥା
ଭାବିଲେ ଅନ୍ତରାତ୍ମା ଦୋହଲିଯାଏ
ଅନୁଭୂତିର ରୋମନ୍ଥନ କଲେ
ଖାଁ ଖାଁ ଲାଗେ
ଲାଗେ ନିରାଶ୍ରୟ ଓ ନିଃସହାୟ ।

ଶୂନ୍ୟ ଘର, ଶୂନ୍ୟ ମନ, ଶୂନ୍ୟ ସଂସାର
ଉଜୁଡ଼ିଯିବା ଚଲାପଥ
ନିରର୍ଥକ ଜୀବନ
ଏକ ନିଶ୍ଚିତ ଆଶ୍ରୟ ଖୋଜି ବୁଲୁଥିବା ଅବୈଧ
କୌନ୍ତେୟ କର୍ଣ୍ଣ ।

ଅତୀତକୁ ଖୋଜୁ ଖୋଜୁ ଆଜି
ପ୍ରତ୍ୟାଶାରେ ଝୁଣ୍ଟିପଡ଼େ
ମୁଁ ନିଃସଙ୍ଗ ପଦଚାରୀ
ସମୟର ଭଙ୍ଗା ତରବାରୀ
ନିଜ ନିର୍ଜନତାର ନିଜେଇ ଶୀକାର
ଶେଷରେ ଶୂନ୍ୟତାର ଅଦୃଷ୍ଟ ପୁରୁଷ
ଯେମିତି ସମୟର କରୁଣ ଭଗ୍ନାଂଶ।

❏❏

ତୁମେ ସତରେ କଳାକାର

ତୁମେ ଭାବନାର ତୁଳୀରେ
କାନ୍‌ଭାସ୍‌ରେ ଆଙ୍କିଯାଅ
ସୁନେଲି ରାତ୍ରୀର କାକଳୀ
ଭସା ଭସା ବାଦଲର ତରଙ୍ଗ
ତୁମେ ସତରେ କଳାକାର ।

ମନର ଭାବନାକୁ ଚିତ୍ର ଦେଇ
ସ୍ୱପ୍ନର ଦ୍ୱୀପରେ ବଂଶୀର
ଧ୍ୱନୀ ଦେଇ
ହୃଦୟକୁ ଦିଗହଜା କର
ତୁମେ ସତରେ କଳାକାର ।

ପ୍ରେମର ଲିଖନରେ
ନାରୀର ଅଙ୍ଗଭଙ୍ଗୀ
ମଳୟର ମିଳନ ଆଶାରେ
ସବୁଜ ଦିଗବଳୟରେ
ଯୁଗଳ ବନ୍ଦୀର ରୂପଦିଅ
ତୁମେ ସତରେ କଳାକାର ।

ଏ କ୍ଷୁଦ୍ର ପୃଥିବୀ
ଯୁଗ ଯୁଗ ଗର୍ଭର ଭାର ସହି
ତୁମ ହାତରେ ଫୁଟାଏ
ତାର ମାତୃତ୍ୱର ସ୍ନେହ ପୁଷ୍ପ
କୁଆଁ କୁଆଁ ରାବର ସ୍ତବକ
ତୁମେ ସତରେ କଳାକାର ।

ଇତିହାସର ମାଟି ପରେ
ତୁମେ ଶିଳାନ୍ୟାସ କର
ତାର ବିନ୍ଦୁବିନ୍ଦୁ ଅତୀତର
କୋମଳ ଧାରା ଦେଖାଅ
ତୁମେ ସତରେ କଳାକାର ।

ବିଜୟ ପରାଜୟର ବହୁ ଉର୍ଦ୍ଧ୍ୱରେ
ମୃତ୍ୟୁକୁ ସତ୍ୟ ପରି ମାନି
ପତିତା କଳଙ୍କିତାକୁ
ସତୀର ସ୍ଥାନ ଦେଇ
ଅନ୍ଧକାରରେ ଚିରଂଜୀବି ସମ ଜଳୁଥାଅ
ତୁମେ ସତରେ କଳାକାର ।

❑❑

ଅପାର୍ଥିବ ଆତ୍ମା

ହେ ଅପାର୍ଥିବ ଆତ୍ମା ତୁମେ
କଅଁଳ ଝିଅଟିକୁ
ଯେ ପୃଥିବୀର ପାପୁଲିରେ
ସର୍ବସ୍ୱ ଅଜାଡ଼ି ଦେଲ
ଦେଲ ଦିଗ୍‌ଦର୍ଶନ ।

ଏବେ ତାକୁ ଛୁଇଁନି ମିଛମାୟା
ସଂସାର ଯାକର କପଟତା
ହିଂସ୍ରତା
ଘୃଣା, ବିଦ୍ୱେଷ, ଅସହାୟତା ।

ଅଳ୍ପଦିନ ପରେ
ହସ କାନ୍ଦ ମୋହ ମାୟାର
ଉଠା ପକା ପଥରେ ଆସ୍ତେ ଆସ୍ତେ
ମଳିଚିଆ ଆଭା ଖେଳିଯିବ
ତା ମନର ଆକାଶରେ
ତା ସାତ୍ତ୍ୱିକ ଚିନ୍ତନରେ ।

ଦିନ ଗଡ଼ିବ ଗଡୁଥିବ
ଅସ୍ୱାଭାବିକ ବୁନ୍ଦା ବୁନ୍ଦା ଲୁହ
ତା’ ଛାତି ଫଟେଇ
ନିଗିଡ଼ି ପଡ଼ିବ

ଝିଅଟି ଆତ୍ମାର ପରିଭାଷା
ବୁଝିବା ଆଗରୁ ପୃଥିବୀ
ତା ପାର୍ଥିବ ଶରୀରକୁ ଅକସ୍ମାତ୍
ଦିନେ ଧୂଳିସାତ୍ କରିଦେବ।
ସମସ୍ତେ ଛୁଇଁଥିବେ ସେ ଧୂଳି ଅଥଚ
ଅନୁଭବ କରିବେ ନାହିଁ
ଏ ଧୂଳି ଭିତରେ ବି ଦିନେ ଆତ୍ମା ଥିଲା
ଅଭିପ୍ସା ଭରିଥିଲା।
ଅଭିପ୍ସାରେ ସ୍ୱାଭିମାନ
ସ୍ୱାଭିମାନରେ କେତେ କେତେ ସ୍ମୃତି
ସ୍ମୃତି ସବୁରେ ଆନ୍ତରିକତାର ସ୍ପର୍ଶ
ଖୁନ୍ଦି ହେଇ ରହିଥିଲା।

କାଳର କରାଳ ବନ୍ୟାରେ ଅଚାନକ
ଅନ୍ଧକାରର କୁହୁଡ଼ି।
ମାତ୍ର ସେ ଅନ୍ଧକାରମୟ ଅତୀତରୁ
ନୀରବତାର ସ୍ୱର ତୋଳି
ଅପାର୍ଥିବ ଆତ୍ମା ତା'ର
ମାଟି ପାଲଟିଥିବା ହୃତ୍‌ସ୍ପନ୍ଦନରେ
ରକ୍ତର ପ୍ରବାହ ଭରି
ପାପର ପ୍ରାୟଶ୍ଚିତ ଚାହୁଁଥିଲା।

❑❑

ଜ୍ୱାଳା

ନିଜକୁ ଜଳାଇ
ଦୀପଟିଏ ଭଳି ଜଳୁଥାଅ
ନିଜର ଅନ୍ଧାରୁଆ ବଳୟ ଭିତରେ
କେହି କେବେ ଛୁଇଁପାରେ ନାହିଁ
ତୁମ ସେପାଖର ଦିପ୍ତୀମୟୀ ଛାଇକୁ
ବରଂ ନିଜେ ମୁଁ ଘୁଞ୍ଚିଯାଏ ଅନ୍ୟ ପୃଥିବୀକୁ
କୁହତ ଦେଖି ଏ କେଉଁ ଜ୍ୱାଳା ?

ନା କେଉଁ ଘୁର୍ଣ୍ଣିବାତ୍ୟା ନା
ବାଲିଝଡ଼ ନା କେବଳ ମୋ ମନର ଆଶା
ଉଦ୍‌ଜୀବିତ ହୁଏ ବାରମ୍ବାର ।

ଜ୍ୱାଳାର ଶିଖାରେ ଆଶା
ଆଉ ଆକାଂକ୍ଷା ଫୁଟେ
ସ୍ୱପ୍ନ, ସମ୍ପର୍କ ସହ ଛୁଟେ
ଅଦୃଷ୍ଟର ନିର୍ଦ୍ଦେଶରେ ।
ଜୀର୍ଣ୍ଣ ଆବରଣ ସବୁ ଆଖି ପିଛୁଡାକେ
ଚୁନ୍‌ଚୁନ୍ ହୋଇଯାଏ
କୁହତ ଏ କେଉଁ ଅଜଣା ପ୍ରବାହ ?

ଏ ଖେଳରେ ମୁଁ ନିର୍ଜୀବ
କ୍ଳାନ୍ତ, ଅର୍ଦ୍ଧମୃତ ଆତ୍ମାକୁ ଆଢୁଆଳ କରି
ଆଜନ୍ମ ପରଶ୍ରୀକାତରତାର ଚୋରାବାଲିରେ
ଟାଣି ହୋଇଯାଏ ତଳକୁ ତଳକୁ
ଯେଉଁଠି ନିଜ ନିଃଶ୍ୱାସ, ନିଜ ବିଶ୍ୱାସକୁ
ନିଜେ ଚିହ୍ନି ପାରେନି, କେବଳ
ଉଜ୍ୱଳ ପ୍ରଦୀପଟିରେ ଜ୍ୱାଳା ହୋଇ
ଜଳୁଥାଏ ଅନ୍ଧାରୁଆ ସୁଡ଼ଙ୍ଗ ଭିତରେ ।
କୁହତ ସେ ଜ୍ୱାଳା କାହାର ?
ଆକାଶର ନା ମାଟିର ? ?

❑❑

ମଣିଷ ଓ ଫୁଲ

କେତେବେଳେ ଫୁଟିଲା ଏ ଫୁଲ ?
ଲାଜ ଲାଜ ନବବଧୂ ପରି
ଦେହରେ ହଳଦୀ ନାଇ ସଦ୍ୟସ୍ନାତା
ଅପୂର୍ବ ଦିଶୁଛି, ଅପୂର୍ବ ତା ବାସ୍ନା ।

ଅପୂର୍ବ ଦେହର ରଙ୍ଗ ତା'ର....
ଅତି ଆପଣାର ମନେହୁଏ
ତାକୁ ଧରି ଉଡ଼ନ୍ତି ଆକାଶେ
ଲେଉଟନ୍ତି ଖରାରେ ଖରାରେ
ସନ୍ଧ୍ୟାରେ ଜହ୍ନର କୋଷରୁ ତାରାକୁ ଛଡ଼େଇ
ମୁଁ ବସନ୍ତି ଫୁଲକୁ କୁଣ୍ଢେଇ
ଯୂଇ, ଯାଇ, ଚମ୍ପା, ହେନା
ମଧୁମାଳତୀକୁ ନେଇ... ।

ମୋର ଅତି ପରିଚିତ
ପଲଙ୍କ ଉପରେ ଶେଯ
ଲାଜ ଲାଜ ଶୀତ ଓ ବସନ୍ତ
ପିଲାଙ୍କ ମୃଦୁ ମୃଦୁ ହସ ପରି
କିଶୋରୀର ଆଦ୍ୟ ଯୌବନ ପରି ।

ବୟସର ଲୋଲୁପ ଚାହାଣୀ ପରି
ଅତି ସଂରକ୍ଷିତ, ମୁଁ ହେଲି ଚକିତ
ଏ କଣ ହେଲା.... ?

କାହିଁ ଗଲ ତୁମେ
କାହିଁ ଗଲ ତୁମେ....
କୁଆର କା' କା' ରାବରେ
ପାହିଲା ଏ ରାତି ସବୁଆଡ଼ ଶୁନ୍‌ଶାନ୍
ଦିଶିଲା ଏ ଫୁଲ, ଖାଲି
ତୁମେ ଦିଶିଲନି, ଆଃ ! ତୁମେ ଆସିଲନି
ତୁମେ ଆସିଲନି ......
ସମୟ ଏ କ'ଣ କଲା ?

କି ନିଷ୍ଠୁର ହେଲା ସମୟ
ମୁଁ ଅଛି, ଫୁଲ ଅଛି
ସୃଷ୍ଟି ବି ରହିଛି ।
କାହିଁକି ଫୁଟିଲା ଏ ଫୁଲ,
ବାରମ୍ବାର ପ୍ରଶ୍ନ କଲି ନିଜକୁ
ଆଖି ବୁଜି ଆଖି ଖୋଲି
ତୁମକୁ ଖୋଜିଲି, ଅନୁଭବ କଲି
ତୁମ ପ୍ରତାରଣାର ଦୋଳିରେ
ଆଞ୍ଜୁଳା ଆଞ୍ଜୁଳା ସ୍ୱପ୍ନ ନେଇ
ବିରହର ନିଆଁରେ ଜଳିଲି ।

❑❑

ମିଶୁ ମୋର ଦେହ
ଏ ଧରା ମାଟିରେ

ଅନେକ ଦିନରୁ ଜାଣିଛି
ଏଇ ମାଟିକୁ
ଆକାଶକୁ ଓ ସମୁଦ୍ରକୁ ।
ଏବଂ ଜାଣିଛି ତାଙ୍କ ଆତ୍ମୀୟତାର
ମଧୁର ଝଙ୍କାରରେ ଗଢ଼ି ଉଠେ ସବୁଜିମା,
ଅସଂଖ୍ୟ ତାରା
ଓ ସୀମାହୀନ ଲହରୀ ।

ସେ କଣ ବୁଝିପାରେ ?
ଏ ସୁଲୁସୁଲିଆ ପବନରେ
ଭରି ରହିଥିବା ତାର ସୁନ୍ଦର ବାସ୍ନାକୁ
ଆକାଶର ଛାତିରୁ ଝରୁଥିବା
ପ୍ରେମଭରା ଗୀତିକୁ
ନା ସମୁଦ୍ରର ଲହରୀରେ
ଲୁଚି ରହିଥିବା
ଆଶା, କଳ୍ପନା, ସ୍ୱପ୍ନ ଓ ଅପେକ୍ଷାକୁ ?

କାଳ ଏସବୁର ଖବର ରଖେନା
ବରଂ ତାର ଅତଳ ଗର୍ଭରେ ଲୀନ ହୁଏ
ଏ ସୁନ୍ଦର ସୃଷ୍ଟିର ସବୁ ହସ, କାନ୍ଦ
ବିଶ୍ୱାସ, ଅବିଶ୍ୱାସ, ମାନ, ଅଭିମାନ
ଓ କେତେ ଯେ ଅକୁହା କଥା.....
ମୁଁ କିନ୍ତୁ ଅପେକ୍ଷା କରିଛି ଧୈର୍ଯ୍ୟ ଧରି
ତୁମର ସ୍ଥିର ଓ ନ୍ୟାୟ ବିଚାରକୁ ।
ଯେ ବିଚିତ୍ର ସୃଷ୍ଟିରେ ତୁମେ
ସୁବାର୍ତ୍ତା ଖେଳାଇ
ପ୍ରଶସ୍ତ ଭାବନାରେ ବିନାଶିବ ଯେ
ସଂକୀର୍ଣ୍ଣ ମାନବତାକୁ ଏବଂ ପ୍ରଶସ୍ତ ଭାବନାରେ
ମାନବ କୋରସ୍ ଗାଇବ ମିଶୁ ମୋର ଦେହ
ଏ ଧରା ମାଟିରେ
ଉଦ୍ଧାତ୍ତ ସ୍ୱରରେ ।

❑❑

ମୋକ୍ଷପ୍ରାପ୍ତି

ପୂର୍ଣ୍ଣମୀ ଜହ୍ନର ରାତ୍ରୀ
ପୁଲକିତ, ବିଚ୍ଛୁରିତ
ସମୁଦ୍ର ଲହରୀ ଭଳି
ପ୍ରେମରେ ଉବୁଟୁବୁ ।

ରାତ୍ରୀର ନିସ୍ତବ୍ଧ ପ୍ରହର
ଅପେକ୍ଷା କରେ
ପ୍ରଣୟର ପ୍ରତିଧ୍ୱନି
ଘୁଙ୍ଗୁର ଶବ୍ଦର
ଚୋରା ଚଇତାଳିକୁ ।

ଏକାକୀତ୍ୱକୁ ବାଦ୍‌ଦେଇ
ହୃଦୟ ସହ ହୃଦୟର ମିଳନ ସଂକଳ୍ପକୁ
ଅସ୍ଥି ମଜ୍ଜାଗତ କରି ନେଇଛି,
କିନ୍ତୁ କିଏ ?
ପ୍ରେମର ସୁନ୍ଦର ପରିଭାଷା
ନା ପ୍ରଣୟର ଅପୂର୍ବ ମିଳନ ?

ରାତ୍ରୀର କାଳିମା
ଖୋଜିବୁଲେ ତାର ଅମାବାସ୍ୟାର ଗାଢ଼ାପଣ
ରୂପେଲି ଜହ୍ନ ଭିତରେ
କିନ୍ତୁ ଆକାଶ ଛାତିରେ
ସମାହିତ ହେଇଯିବାର ଶାନ୍ତି
ମିଶିଯିବାର ପ୍ରଶାନ୍ତି ତାକୁ ଉଚ୍ଛନ୍ନ କରୁଥାଏ।
ତାରା ମଣ୍ଡଳୀରେ ନିଜେ ହଜିଯିବାର ଭୟ
ତାକୁ ମୋକ୍ଷ ପ୍ରାପ୍ତିର ନିରୋଳା, ନିର୍ମଳ ଆନନ୍ଦ ଦେଉଥାଏ।

❑❑

ବୟସ

ଅବୋଧ ଶିଶୁ ବୁଝେନି
ବୟସର ତାରତମ୍ୟ
କେବେ କେବେ ଭାବେ
ମୁଁ ଶିଶୁ ଭଳି ନ ବୁଝିବାଟା ଭଲ,
ଶିଶୁଭଳି ଚପଳ ହେବାଟା ଭଲ।

ନୂଆ ନୂଆ ସ୍କୁଲ, ନୂଆ ନୂଆ ବହି
ରଙ୍ଗୀନ୍ ଖେଳନାର ଜିଦ୍ଧି
ପୁଣି କେବେ କେବେ ଭାବେ,
ଚପଳତା ଛାଡ଼ି ଯୌବନରେ ମତୁଆଲା ହେବି
ନୂଆ ନୂଆ ପ୍ରେମ, ନୂଆ ନୂଆ ବାସ୍‌ନା
ଜାତି ଜାତିକା ପ୍ରଜାପତିଙ୍କ ପଛରେ ଧାଇଁବି
ଭଅଁର ପରି ଚୁମିବି ଫୁଲରୁ ଫୁଲ।

ପୁଣି କେବେ ଭାବେ....
ଭାବେ, ଯୌବନ ବିଜୁଳୀ
ଚକ୍ କରି ମାରି ଲିଭିଯାଏ ଅଚିରେ।
ବରଂ ଭଲ,
ଯୌବନ ନିଶା ଛାଡ଼ିଛୁଡ଼ି
ରହିବି ଅନାଗତ
ବାର୍ଦ୍ଧକ୍ୟର ନିଶ୍ଚିତତାରେ।
ଆଗକୁ ଆଗକୁ ଚାଲୁଥିବି
ବୟସକୁ ବିଶ୍ରାମ ଦେବି
ରୋଗ ଶୋକର ଶରୀରକୁ
ସୁଖ ଦୁଃଖର ଦୁନିଆଁରୁ
ଚିର ବିଦାୟ ଦେବି
ମାଟି ସହ ମାଟି ହେଇଯିବି।

❏❏

ପର କି ଆପଣା ହୋଇବ ?

ନିଜର କିଏ ? - ଜୀବନଯାକ
ଖୋଜି ଚାଲିଛି
ସମ୍ପର୍କ କ'ଣ ? - ଜୀବନଯାକ
ନିଜେ ନିଜକୁ ପଚାରୁଛି ।

ସମ୍ପର୍କ ଅଖଣ୍ଡଦୀପ
ଘୃତ, ଆତ୍ମୀୟତାର ଆକର୍ଷଣ ।
ସମ୍ପର୍କ ଭାରି ଭାରି ଲାଗେ
ଆତ୍ମୀୟତାର ବିଶ୍ୱାସଘାତକତାରେ ।

ଅଧାଜଳା ସଳିତା ଗନ୍ଧ ଭଳି,
ସମ୍ପର୍କର ସରଳରୈଖିକ ରାସ୍ତାରେ
ବିଶ୍ୱାସ, ଆଶା ଓ କାମନାକୁ
ଅଙ୍କାବଙ୍କା କରି
ଧୂଳିସାତ୍ କରିଦବାର ଜ୍ୱାଳାରେ ।

ବେଳେବେଳେ ଲାଗେ, ଭାବେ
ଅପମାନର ଜ୍ୱାଳାରେ
ଈର୍ଷା ଦ୍ୱେଷ ହିଂସାର ଅନଳରେ
ଜଳିପୋଡ଼ି ଗାଇବାକୁ,
'କ୍ଷୀରରେ ଧୋଇଲେ ଖଣ୍ଡରେ ମୋହିଲେ...'
ମାତ୍ର ପରମୁହୂର୍ତ୍ତରେ
କେହି ତ ଜଣେ ଆଙ୍ଗୁଳି ଥାପିଦିଏ
ଓଠରେ ଓ ହାତ ଧରେ
ଆଲୋକ ଦେଖାଏ ପଥ ନିର୍ଦ୍ଦେଶ କରେ
ଗାଏ, ନିଜର ହେଇପାରେ ପର
ପର ହେଇପାରେ ବି ନିଜର
ଏକାନ୍ତ ଆପଣାର ।

❑❑

ଯଥାର୍ଥ ଉତ୍ତର

ଗାର କାଟି ଯୋଡ଼ିଲି ମୁଁ
ମାଟିକୁ ଆକାଶ ସହିତ
ବରଫକୁ ବରଫ ସହିତ
ବରଫେ ଫୁଟିଲା ଫୁଲ।
କୂଳେ କୂଳେ ଝାଉଁବଣ
ଓ ସୂର୍ଯ୍ୟମୁଖୀର କିଆରି।

ବରଫରେ ବାହିଲି ନାଆ
ବସନ୍ତରେ ମାରିଲି କାତ
ବର୍ଷାରେ ଲେଖିଲି ଗୀତ
ଧାଇଁଗଲି ଦୁଇ କୋଶ
ଘୋଡ଼ି ହେଇ ଗ୍ରୀଷ୍ମର ପଣତ।

କେବେ ସେ ମାଟି ପରେ ଅମାବାସ୍ୟାର
ଦୀପାଳି
ସୂର୍ଯ୍ୟମୁଖୀ ରଙ୍ଗ ଭରେ ଦେହେ
ବର୍ଷା ଓ ବିଜୁଳି
ପ୍ରଣୟ ପଣତ ଟାଣି ଝାଉଁବଣେ
ସତେ ସଦ୍ୟ ସ୍ନାତାର କାକଳୀ।

ମରୁଭୂମି ପରେ ଜାତହୁଏ ଦ୍ୱନ୍ଦ୍ୱ
ମରୀଚିକା ଓ ନିଜ ପରିଚୟ ସହ
ଝଲ୍‌ସା ଆଲୁଅରେ ଖୋଜୁଥାଏ ଛୁଇଁବାକୁ
ମାୟାବିନୀ ମରୁର ସ୍ୱର
ଲୋଡୁଥାଏ ଯଥାର୍ଥ ଉତ୍ତର ।

ଏମିତି ବେଳରେ ଧୋ ଧୋ
ଶୂନ୍‌ଶାନ୍‌ ଆକାଶରେ
ଚିହ୍ନା ଚିହ୍ନା ଲାଗେ କାହାର ବାସ୍ନା ?
ପ୍ରତିଧ୍ୱନୀ ତୋଳେ ନିଜର ସ୍ୱର, ପାଏ ଉତ୍ତର
ଗାର କାଟି ଯୋଡ଼ି ଦେ
ପୂର୍ବ ପଶ୍ଚିମ ପୁଣି
ଦକ୍ଷିଣ ଉତ୍ତର ।
ଚଉଦିଗ ମଧ୍ୟରେ ଛିଡ଼ା ହୋଇଚି ମୁଁ
ଚଉଦିଗ ସାରା ଧୂଳି ଝଡ଼
ଅଶାନ୍ତ ଲହରୀ, ଚିଲ ଛଞ୍ଚାଣ,
ବଜ୍ର ଘଡ଼ଘଡ଼ି ।
ଏକା ଏକା ଭୂଇଁରୁ ଆକାଶ
ମେରୁରୁ ମେରୁ
ନଦୀରୁ ସାଗର କାଟୁଛି, କାଟି ଚାଲିଛି
ଗାର
ଗାରଟି ପାଲଟି ଯାଉଛି ମୋ ଦ୍ୱନ୍ଦ୍ୱର
ଯଥାର୍ଥ ଉତ୍ତର ।

❑❑

ଇରାକ୍

ଅସମୟରୁ ସମୟ
ସମୟରୁ ଅସମୟ
କେବେ, କାହିଁକି, କେମିତି
କେହି କହିପାରେ ନାହିଁ।

ଦେଖ, ଆମେ ପଛକେ ଦେଶାନ୍ତରୀ ହବୁ
କିନ୍ତୁ ଲଢ଼ିବୁ।
ଦେଶ ପାଇଁ, କାଇଁକିନା ଆମେ
ଶପଥ ନେଇଛୁ ଜନ୍ମବେଳ ଠାରୁ
ଲଢ଼େଇ ଚାଲିଛି, ଆମେ ଲଢୁଛୁ
ଲଢ଼େଇର ଧୂଆଁ ଇରାକ୍‌ର
ଗଗନେ ପବନେ।

ତପ୍ତ ମାଟି
ଶୀତଳ ହୋଇନି, ହେବନି
କେତେ କାହାକୁ ବୁଝେଇବୁ
ନୈନଂ ଛିନ୍ଦନ୍ତି ଶସ୍ତ୍ରାଣି...'

ଆମେ ନଛୋଡ଼ବନ୍ଧା
ଯୁଦ୍ଧ ଲାଗି ସ୍ଥିତପ୍ରଜ୍ଞ।

ତୁମେ ଖୋଜୁଛ ସଦ୍ଦାମ୍‌କୁ
ତା’ ଚଉପାଶକୁ।
କେତେ କେତେ ମଣିଷଙ୍କ
ଅବଶ ଶରୀର ଶୋଇଯାଏ
ନିସ୍ତେଜ ହୋଇ
ପହଡ଼ ପକାଇ।

ତୁମେ ଖେଳାଇଚ ହିଂସା, ଇର୍ଷାର
ବିଭୀଷିକା ଓ
ହାହାକାର।
ରକ୍ତରେ ବତୁରାଇଛ ମାଟି
ତଥାପି ବଡ଼ କଷ୍ଟ ଭାଗ ଭାଗ କରିବା
ରକ୍ତକୁ। ଚିହ୍ନିବାକୁ କିଏ
ସନ୍ତ୍ରାସ
କିଏ ଆତ୍ମୀୟ।

ଆମେ ତଥାପି ବଞ୍ଚିଛୁ
ଆଶା ଗୋଟିଏ
ଅଚାନକ ଦିନେ ଯୁଦ୍ଧର ଆକାଶରେ
କାଲେ ଦିଶିଯିବ
ଶାନ୍ତିର ପହିଲି ସବିତା
କୋଟିଏ ମଣିଷଙ୍କ କପାଳରେ
ଆଙ୍କିଦବ ଶାନ୍ତିର ଜୟଟୀକା।

❑❑

ଆହା ! ବର୍ଷା ତାର କାଳ ହେଲା !

କି ଉତ୍ତର ଦେବ ଏ ଘନ ବାଦଲ ?
ଯିଏ ସାରାଦିନ ସାରାରାତି
ବିଜୁଳିର ଚମକ ଭିତରେ
ଗର୍ଜି ଗର୍ଜି ଗର୍ଜିଚାଲିଛି,
ହରିବୋଲକୁ ଭୁଲି ଘଡ଼ଘଡ଼ିବୋଲ ସହ
ପ୍ରଳୟର ତେଲିଙ୍ଗୀବାଜା ବଜାଇଛି ?

ବିପୁଳାଚ ପୃଥ୍ୱୀ
ପ୍ରକୃତି, ପୁରୁଷ
ସମ୍ପର୍କର ଅତୁଟ ବନ୍ଧନ
ସବୁକୁ ବେଖାତିର କରି
ଫୁତ୍କାରରେ ଉଡ଼ାଇଦେଇ
ବିଚରା ରଘୁବୁଢ଼ାର କାନ୍ଥର ମାଟି
ଭସାଇ ଦେଇଛି ?

ସେ କି ବୁଝେ ?
ସେ କିଛି ବୁଝେନି
ବିଚରା ରଘୁ ବୁଢ଼ାର ଅସହାୟତା
ଦରଖାସ୍ତ ପରେ ଦରଖାସ୍ତ
ଦିଆ ଚାଲିଛି

ନିରାଶାର ସ୍ୱପ୍ନକୁ ସାଉଁଟି
ଫୁଙ୍ଗୁଳା ଗଛ ତଳେ
ଜାକିଜୁକି ହୋଇ ଶୀତରେ
କାଙ୍କୁଡ଼ି କୁଙ୍କୁଡ଼ି ହଉଚି
କି ଉତ୍ତର ଦେବ ଏ ଘନ ବାଦଲ ?
ସେ କି ଫେରାଇ ପାରିବ
ରଘୁର କରୁଣ କାନ୍ଦଣାକୁ କାଟି
ତା' ଓଠରେ ହସ, ପୁନର୍ବାର ?
ସେ କ'ଣ ଓହ୍ଲାଇ ଆଣିପାରିବ
ଆକାଶକୁ
ବିଚରା ରଘୁ ବୁଢ଼ାର ହାଡୁଆ ଛାତିକୁ ?
ନା, ତା' ଯିବା ପରେ
ଖାଲି ଏତିକି କହିବ
ବେପରୁଆ ଭାବେ:
ଆହା ! ବର୍ଷା ତା'ର କାଳ ହେଲା ?

❑❑

ବୟସ ହୋଇନି
ତଥାପି ବାର୍ଦ୍ଧକ୍ୟର ଛାଇ

ବୟସ ହୋଇନି ତଥାପି
ବାର୍ଦ୍ଧକ୍ୟର ଛାଇ
କେହି ଯେମିତି ଫେରି ଆସୁଛି ଗୁଡ଼େ
ଅସଜଡ଼ା ସ୍ୱପ୍ନ ନେଇ ।

କେହି ଯେମିତି
ପୂର୍ଣ୍ଣମୀର ସ୍ୱର୍ଣ୍ଣାଭ କିରଣରେ
ଅମାବାସ୍ୟାର ରାତ୍ରୀ ଖୋଜୁଛି
କେହି ଯେମିତି
ମରୁଭୂମିର ଧୂ ଧୂ ବାଲିରେ
ମରୀଚିକାର ଭ୍ରମ ଦେଖୁଛି ।

କେହି ଯେମିତି ବାର୍ଦ୍ଧକ୍ୟ ଡରରେ
ସମୟଠୁ ଦୂରଛଡ଼ା ଦଉଛି
ବୟସ ହୋଇନି ତଥାପି
ବାର୍ଦ୍ଧକ୍ୟର ଛାଇ ଖାଇ ଗୋଡ଼ାଉଛି ।

ତୁମ ମନଗହନର ଜ୍ୟାମିତିକ କୋଣ
ଗୁଡ଼େଇ ତୁଡ଼େଇ ବହୁଭୂଜ ହେଇ
ଲଟକିଛି
ଦେହ ଫେରି ଯାଉଛି ନିରାଶାର
ମରୁଭୂମିକୁ।
ତୁମ ଆଶାର ଆକାଶରେ
ଘନ କଳା ବାଦଲ ଓ ବିଜୁଳି
ଲୁଚକାଳି ଖେଳେ ବଜ୍ର ଘଡ଼ଘଡ଼ି
ଘମାଘୋଟ ବର୍ଷାରେ ଉବେଇ ଟୁବେଇ
ନିଜ ଅନ୍ତର୍ଦାହକୁ ଭିଜେଇ
ମାୟା ମୋହ ମିଛ ସଂସାରରେ
ନିଜେ ନିଜକୁ ଖୋଜୁଛି
ବୟସ ହେଇନି ତଥାପି
ବାର୍ଦ୍ଧକ୍ୟର ଛାଇ ତୁମକୁ ଡରାଉଛି
ଡରେଇ ଚାଲିଛି।

❑❑

ବସନ୍ତ ରାଗ

ଅକସ୍ମାତ କାଦମ୍ବରୀ ରସ ନେଇ
ବସନ୍ତ ଆସେ।
ଧୋଇ ନିଏ ଶୀତର
ଉଦାସ ସ୍ମୃତିସବୁକୁ
ବିବର୍ଣ୍ଣ ଆକାଶ ନୂଆ କରି ଦେଖେ
ପୃଥିବୀକୁ, ଗଛପତ୍ରର ଥୁଣ୍ଟା ଆତ୍ମାକୁ।

ଏଇ ସେ ସମୟ, ଓଟାରି ଆଣିବାକୁ
ଫିକା ହଳଦିଆ ରଙ୍ଗର କିଆରିରୁ
ଶବ୍ଦକୁ, ଆତ୍ମାକୁ
କବିତା ଫର୍ଦ୍ଦକରେ।

ଯଦିଓ ମାଧବୀଲତା ମୂଳରେ ଅଛି
ସର୍ପର ଫୁତ୍କାର
ତଥାପି, ନୀଳ ବିଷରେ ଭରା କାଳିନ୍ଦୀରେ
ଫୁଟାଇବାକୁ ହେବ ଫୁଲ
ସାଉଁଳି ଦବାକୁ ହବ ବ୍ୟଥିତ ଆତ୍ମାକୁ।

ଏଇ ଯେ ଶୀତୁଆ ମାଟିର ବାସ୍ନା
ଏବଂ ଯାତନାର ମୁକ୍ତା ବିନ୍ଦୁ ସହ
ମୋତେ ଯିବାକୁ ହେବ
ବିଷର୍ଣ୍ଣ କାରାଗାର ଟପି
ଯେଉଁଠି ମୋର ଆତ୍ମୀୟ ମାନେ
ମୋ ମନର ତୀବ୍ର ଦରଦ
ଓ ବ୍ୟାକୁଳ ମୁହୂର୍ତ୍ତକୁ ବୁଝିପାରନ୍ତି ।

ସ୍ୱପ୍ନ ଦିଅନ୍ତି, ସାନ୍ତ୍ୱନା ଦିଅନ୍ତି
ବଞ୍ଚିବାର ରାହା ଦେଖାନ୍ତି
ଅନାଗତ ଭବିଷ୍ୟ ଲାଗି
ସଜାଡ଼ି ରଖନ୍ତି ଅନ୍ତିମ ସତ୍ୟର
ଖଇ, କଉଡ଼ି, ନିଆଁ ।

ସେଇଠି ତ ମୋର ନିରାପଦ ଜାଗା,
ନାରୀତ୍ୱର, ମାତୃତ୍ୱର, ପୁରୁଷକାରର
ଯେଉଁଠି ଜଳେ
ମନ୍ଦିରରେ ଦୀପର ସଳିତା ଭଳି
ଆପଣା ଜନଙ୍କ ପାଇଁ
ଦୀପ୍ତିମୟ ଆଲୋକରେ ଝଲସି ଉଠେ,
ଓ ଚୈତ୍ରଯୁକ୍ତ ବସନ୍ତ ରାଗରେ
ଜୀବନଗୀତିକା ଗାଇ ଉଠେ ।

❑❑

ଶବ୍ଦର ଚିଟାଉ

ଆଖି ବୁଜିଲେ ଅନ୍ଧାର
ଆଖି ଖୋଲିଲେ
ସ୍ୱପ୍ନର ପକ୍ଷୀ ଉଡ଼ିଗଲା ଭଳି ଲାଗେ ।
ମନର ଅକ୍ଷର ଗୁଡ଼ିକ ବେଳେବେଳେ
ଝାପ୍‌ସା ଝାପ୍‌ସା ଦିଶେ, ଆଉ
ଅନାଚକ...
ବନ୍ଧୁତାର ଶବ୍ଦ ପରଶରେ
ଭାରି ମନ ହାଲ୍‌କା ଲାଗେ ତ
ବହୁ ସମୟର ମୁଁ
ଯାହା ଚେତନାଚ୍ୟୁତ ଥାଏ
ମୁଠା ମୁଠା ଶବ୍ଦର ଛିଟାରେ
ପୁଣି ଥରେ ଜାଗ୍ରତ ହୁଏ,
ଦିଗରୁ ଦିଗନ୍ତ ଭଳି
ସମାନ ଓ ସମାନ୍ତରାଳରେ... ।

❑❑

ଗୀତାର ମାର୍ମିକ

ରାତ୍ରୀର ନିଚ୍ଛନ୍ଦ୍ର ଅନ୍ଧକାର
ଉଜ୍ଜ୍ୱଳ ଆଲୋକମୟତାର
ସ୍ୱରକୁ ଭାଙ୍ଗିଦିଏ ।

ମଧ୍ୟାହ୍ନର ଟାଣ ଖରା
ପ୍ରୀତିଭରା ଚୋରା ଚଇତିକୁ
ଜାଳିପୋଡ଼ି ଦିଏ ।

ମନର ଅଦମ୍ୟ ପିପାସା
ସ୍ମୃତିଭରା ଜୀବନ ବଗିଚାରେ
ପୋତୁଥାଏ ଅବଶୋଷର ମଞ୍ଜି
ପାପରେ ଭାରାକ୍ରାନ୍ତ ପୃଥିବୀ
ପୁଣ୍ୟର ଭଉଁରୀରେ ଖୋଜୁଥାଏ
ମହାପୁରୁଷଙ୍କ ପ୍ରଦର୍ଶିତ ପଥକୁ
କିନ୍ତୁ ମୁଁ ସବୁ ଦୁଃଖ ସୁଖରୁ ଉର୍ଦ୍ଧ୍ୱରେ ରହି
ଗୀତାର ମାର୍ମିକ ଅର୍ଥରେ ନିଜକୁ ମିଶାଇ
ଗାଉଥାଏ
ଗୀତାର ମର୍ମକୁ
: କର୍ମଣ୍ୟେ ବାଧିକାରସ୍ତେ ମା ଫଳେସୁ
କଦାଚନ ।

❑❑

ଜହ୍ନ ଗୋ !

ଜହ୍ନ ଗୋ !
ତୁମ ଆଗମନର ସ୍ୱରରେ -

ତାରାର ସବୁଜ ଆଖିରୁ ହଜି ଯାଉଛି ନିଦ
ଫୁଲଙ୍କ ଓଠରୁ ଝରି ପଡୁଛି ଲାଜ
କେତେ ଛନ୍ଦରେ
ନାଚି ଉଠୁଛି ନଈ ।

କଅଁଳ ଘାସର ଦେହରେ
ବୋଳା ହୋଇ ଯାଉଛି ପ୍ରୀତିର ମୁରୁଜ
ପ୍ରିୟା ତାର ପ୍ରିୟ ପାଇଁ
ସଜାଇ ରଖୁଛି କର୍ପୁରର ଶେଯ ।

ଜହ୍ନ ଗୋ !
ତୁମେ ଯଦି ଢାଙ୍କି ଦିଅ ନିଜକୁ,
କେଉଁ ଅଦୃଶ୍ୟ ଗହ୍ୱରରେ
ନିରାକାର, ନିର୍ବିକାର
ଶୂନ୍ୟ ସିନ୍ଦୁକରେ,
ଛଦ୍ମବେଶ ଆଢୁଆଳେ ନିଜକୁ
ଛପେଇବାର ସମସ୍ତ ଅପଚେଷ୍ଟା ସତ୍ତ୍ୱେ,
ତୁମେ ଦିଶିଯାଅ,
କାରା ରୁଦ୍ଧ ପ୍ରୀତିର ଫଳକ ପରି
ଗ୍ରହରୁ ଗ୍ରହାନ୍ତର,
ଶାଶ୍ୱତର,
ଫୁଲଝରା ରାତି ଓ
ନିଝୁମ୍ ପ୍ରହର ପରି ।

ମୋ ସ୍ୱର ଆଜି
ଖୋଜୁଛି....

ତୁମ ଅସ୍ତିତ୍ୱକୁ
ଯାହା ଶବ୍ଦହୀନ
ଅଥଚ
ଅସାଧାରଣ ଶବ୍ଦମୟତାରେ
ମାଟିରୁ ଆକାଶ ଯାଏଁ ବିଚ୍ଛୁରିତ

ସମୟର ପ୍ରୀତିଭରା ସବୁଜ ସଙ୍କେତ
କେମିତି ବା ବୁଝାଇବି ତୁମକୁ,
ତୁମେ ରୂପହୀନ
ତୁମେ ରଙ୍ଗହୀନ
ଅଥଚ ତୁମ ଝୁରାଝୁରା ଆଲୋକ ସ୍ପର୍ଶରେ,
ମୁଁ ମଗ୍ନ, ବିମୋହିତ ।

ଏମିତି ନୀରବ ପ୍ରହରରେ
ଜହ୍ନର ଝରଣା ଭେଦି,
ଅନୁପମ ସୁରେ ଅଜଣା ଅନୁଭୂତି
ଆବୋରି ଯାଏ
ଇଚ୍ଛା ହୁଏ ଲେଖିବାକୁ
କବିତାର ରୁପେଲି ଅକ୍ଷରରେ...
ଆତ୍ମାପ୍ଲୁତ ଆନନ୍ଦର ବର୍ଣ୍ଣବିଭା
ଜୀବନର ଅମୃତ କାଳିରେ... ।

❑❑

ପ୍ରବାସର କିଛି ଅକୁହା କଥା

(୧) ମୋ ମାଟି

ସମୟ: ଅଦେଖା ନାଆଟିଏ
ପ୍ରାପ୍ତିର ସମୁଦ୍ରରେ ଭାସି ଭାସି ଯାଉଥାଏ
ଭାସିପାରେ ବୋଲି ତ
ଜୀବନ ପାଲଟେ ରଙ୍ଗୀନ୍ ଆଶାଟିଏ ।

(୨) ପ୍ରବାସ

ପୃଥିବୀର ଯୋଉ କଣରେ ଲୁଚିଗଲେ ବି
ନିଜ ମାଟିର ବାସ୍ନା ଉତୁରି ଉଠେ
ହାଲ୍‌କା ହାଲ୍‌କା
ଭିଜା ଭିଜା କୋହରେ ।

(୩) ସ୍ୱପ୍ନ

ଅଚିହ୍ନା ରାଇଜକୁ ଆସିଥିଲି ଦେଖିବାକୁ
ଭିନ୍ନ ଚନ୍ଦ୍ର ଭିନ୍ନ ତାରା
ଭାବିଥିଲି ମିଳିଯିବ ଅବା
ହୁଏତ ଭେଟିବି ନୂଆ ଈଶ୍ୱରଙ୍କୁ।
ଭେଟିଲି, ଭେଟିଲି ନାହିଁ, ଅବ୍ୟକ୍ତ ରହୁ
ବରଂ ବ୍ୟାକୁଳ ଭାବେ ଖୋଜିଲି
ମୋ ନିଜ ମାଟିର ଭିଜାଭିଜା ବାସ୍ନା
ଖୋଜିଲି ସାଧବବୋହୂର ନାଲିନାଲି ମୁହଁ
ପୋଖରୀ ହୁଡ଼ାରେ ବୁଢ଼ୀ ବେଙ୍ଗୁଲିର
ଲୁହ ଆଉ କୋହ।

(୪) ଅନୁଭବ

ବ୍ୟକ୍ତରୁ ଅବ୍ୟକ୍ତ
ମୁଖରତାରୁ ନୀରବତା
ଆଶା ଆଉ ନିରାଶା ମଝିରେ
ମୁଁ ଆଜି ହସ କାନ୍ଦର କ୍ରୀତଦାସ
ବେଳେବେଳେ ମୋ ଜୀବନ ଖାତାର
ଫର୍ଦ୍ଦ ଫର୍ଦ୍ଦ ପୃଷ୍ଠା ଚିରେ
କାଗଜ ଡଙ୍ଗା କରି ଭସେଇଦିଏ
ବରଫର ଚଟାଣରେ ଖୋଜି ବୁଲୁଥାଏ
ପାଣିର ଧାରାଟିଏ, ଅବା
ପାଣି ଫୋଟକାଟିଏ ?

(୫) ଉପଲବ୍ଧି

ସମୟ: ଚିରସ୍ରୋତା ନଈ
ଜୀବନ ପାଣି ଫୋଟକା
କେବେ କେମିତି ନିଜେ
କାଳସର୍ପ ସାଜେ
ନିଜକୁ କରେ କବଳିତ
ପୁଣି ଚେତନା ଫେରିପାଇ
ପାପ ପୂଣ୍ୟ ପ୍ରାୟଶ୍ଚିତରେ
ଏକାକାର ହୋଇ
ଦେଖିବାକୁ ଅପେକ୍ଷା କରେ
ଏକ ସୁନେଲୀ ସକାଳ ।

❑❑

କଣିକାଏ ଈର୍ଷା

ମନ ତଳେ ଜଳୁଥିବା
କଣିକାଏ ଈର୍ଷା
ଜାଳିଦିଏ ଶାନ୍ତିର ସମଗ୍ର ସତ୍ତା
ଯେମିତି ପାଉଁଶ ତଳେ ଲୁଚିଥିବା
ବିନ୍ଦୁଏ ନିଆଁଝୁଲ
ଜାତ କରିପାରେ ବିରାଟ ଅଗ୍ନ୍ୟୁତ୍ପାତ ।

କଣିକାଏ ଈର୍ଷା
ସୃଷ୍ଟି କରିପାରେ ପ୍ରଭଞ୍ଜନ
ଯେମିତି କ୍ଷୀଣତନୁ ଝର ପାଲଟେ
ବିଶାଳ ଜଳ ଭଣ୍ଡାର
ଜଳାର୍ଣ୍ଣବ କରିଦେଇପାରେ ସଚରାଚର ।

ଈର୍ଷା ଜୁଳୁଜୁଳିଆ ପୋକ ପରି
ଶୂନ୍ୟରେ ବିହରି
ମୂହୁର୍ତ୍ତକେ ପାଲଟେ ଅଗ୍ନିପିଣ୍ଡ
ସହସ୍ର ସୂର୍ଯ୍ୟ ପରି
ଉତ୍ତାପରେ ଜାଳି ଦେଇପାରେ
ଜୀବନ
ପାଉଁଶ ବନେଇ ପାରେ ।

କଣିକାଏ ଈର୍ଷା
ଖଣ୍ଡିଆଭୂତ ଭଳି ଉଡ଼େଇ ନେଇପାରେ
ଯାବଜ୍ଜୀବନର ଶାନ୍ତି ।
ଈର୍ଷା ଏକ ଏମିତିକା ଋତୁ
ଯେବେ ସଂକ୍ରମିତ ହୁଏ ଦୃଶ୍ୟ ହୁଏ
କେବଳ
ଅଶାନ୍ତି ଓ ଅଶାନ୍ତି ।
କାହାକୁ କଇଁକଇଁ କାନ୍ଦିବା ଦେଖିଲେ
ସେ କୁରୁକୁରୁ ହସେ
କାହାକୁ ହସିବା ଦେଖିଲେ
ସେ ଜଳିଜଳି ଆଗ୍ନେୟଗିରି ଭଳି
ଅଗ୍ନି ବର୍ଷଣ କରେ ।

କଣିକାଏ ଈର୍ଷା
କରେ କ୍ଷତାକ୍ତ ମର୍ମସ୍ଥଳକୁ
କବଳିତ କରେ ହୃଦୟକୁ
ଅମୃତଭାଣ୍ଡରେ ଯେମିତି
କଣିକାଏ ବିଷ।

କଣିକାଏ ଈର୍ଷା ଯଦି ରୂପ ନିଅନ୍ତା
କଣିକାଏ ଭଲପାଇବାର,
ପ୍ରେମ ପାଖେ ପରାସ୍ତ ହୁଅନ୍ତା
ଅତୃପ୍ତ କାମନାକୁ ଜାଳିପୋଡ଼ି ଦିଅନ୍ତା
ନିଃସ୍ୱ ହେଇଯାନ୍ତା
ଆଉ ପରାଜିତ ପଦାତିକ ଭଳି
ପ୍ରେମ ପାଖେ କରନ୍ତା ନିଃସର୍ତ୍ତ
ଆତ୍ମସମର୍ପଣ, ତେବେ ହୁଏତ
ହୃତ ବିଶ୍ୱାସକୁ ଫେରିପାଆନ୍ତା;
ନିଜକୁ ନୂଆ କରି ଚିହ୍ନିବାର ପ୍ରୟାସ କରନ୍ତା।

❑❑

କବିର କଲମ

କଥାଟି ଜାଣି ନଥିଲି,
କବିର କଲମ ମୁନରେ ଯୋଉ ଶବ୍ଦ ଫୁଟେ
ସେ ଶବ୍ଦ ମାଟି ମାଆର,
ମାଆର ଶରବିଦ୍ଧ ଛାତିରୁ ଲହୁ ଶୋଷି ନେଇପାରେ
କଳ୍ପନାରେ ଛୁଇଁଯାଏ ଶିରାପ୍ରଶିରାକୁ
ନୂଆ ରକ୍ତ ଭରି ଦେଇପାରେ ।

କଥାଟି ଜାଣି ନଥିଲି,
ଏକ ଘନୀକୃତ ରହସ୍ୟ ବାରମ୍ବାର
ଆର୍ତ୍ତନାଦ କରୁଥାଏ
ଅପେକ୍ଷାର ସମୟଚକ୍ରରେ ବାଟ ଭୁଲି
ଚିରନ୍ତନକୁ କଲମ ମୁନରେ ଉତ୍ତାରିବାକୁ
ଓହଲବିକଳ ହଉଥାଏ ।

ବେଳେବେଳେ ଲାଗେ
ମନର ପକ୍ଷୀ ସତେକି କବିର କାଳିରେ
ଜୀବନ୍ୟାସ ପାଏ।

କଥାଟିଏ ଜାଣିଥିଲେ କଲମ ଧରି ନଥାନ୍ତି।
କଳ୍ପନାରେ ସବୁଜ ସ୍ୱପ୍ନମାନଙ୍କୁ ଆଙ୍କି
ପୁଣି ଯାଯାବର ଭଳି ନିଜକୁ ସମର୍ପିଦେଇ
ଭାବନାର ଦାସତ୍ୱରେ
ମୋ ଜନ୍ମର ପ୍ରତି କ୍ଷଣକୁ ତଉଲୁ ନଥାନ୍ତି
କାମନାର ମୋହ ମାୟାରେ।

କଥାଟିଏ ଜାଣିଥିଲେ କଲମ ଧରି ନଥାନ୍ତି
ଯଦି ଜାଣିଥାନ୍ତି, ବଧୂଟିଏ କେତେ କେତେ ସ୍ୱପ୍ନ ନେଇ
ବିଦା ହେଲା ବେଳେ
ଅଚାନକ ଝଡ଼ଟିଏ ଉଠି ବିଶ୍ୱାସର ମହମ
ତରଳିଯାଏ, ସଂଘର୍ଷର ବିନ୍ଦୁଟେ ହେଇ।

କଥାଟିଏ ଜାଣିଥିଲେ କଲମ ଧରି ନଥାନ୍ତି
ଯଦି ଜାଣିଥାନ୍ତି, ଭାବନାମାନ ବାସ୍ତବତାର ନିଆଁରେ
ଆତ୍ମାହୁତି ଦିଏ
ଜଳି ପୋଡ଼ି ପାଉଁଶ ହେଇଯାଏ।

ଲାଗେ ସେବେ, ଭାବନାର ସ୍ରୋତ
ଦୁଃଖ ଶୋକ ପ୍ରବଞ୍ଚନା
ଏ ଶବ୍ଦମୟ ସଂସାରରେ, ଲାଗେ
ଅକ୍ଷର ଗୁଡ଼ିକ ଛଳନା ।
ମରୀଚିକା ଭାବି ପାଖକୁ ଗଲେ ପାଏ
ଧୂ ଧୂ ମରୁବାଲିର ତାତି, ଲାଗେ
ଯେ କି ବିଡ଼ମ୍ବନା !
କବର କଲମକୁ ବସନ୍ତର ମଳୟ ସିନା
ଲୁଚି ଲୁଚି ଆସେ, ହେଲେ
ନିଆଁର ସହସ୍ର ଧାସରେ ରଙ୍ଗଭରା ମନ ପ୍ରାଣ
ଜାଳି ହେଇଯାଏ, ସବୁ କିଛି ମନେହୁଏ
ସମୃଦ୍ଧିର କାନ୍ଥରେ ମିଥ୍ୟାର ଅଳନ୍ଧୁ ଭଳି ।
ଜାଣି ନଥିଲି, କବିର କଲମ ଏତେ ଦରଦକୁ ଖୋଜି
ସନ୍ତୁଳି ହୁଏ ନିର୍ଜନ ବେଳାରେ, ଜାଣିଥିଲେ
କଲମ ଧରି ନଥାନ୍ତି ।

❑❑